谨以此书献给关心陈子菁成长的
　　爷爷陈广龙　奶奶谢士荣
　　姥爷散代国　姥姥马华芹
　　妈妈散　琦　舅舅散　良

创业思维与推理
认知型创业的父女对话

ENTREPRENEURIAL
THINKING
AND
REASONING

陈少文
×
陈子菁
著

THINKING AND REASONING

图书在版编目(CIP)数据

创业思维与推理：认知型创业的父女对话／陈少文，陈子菁著．— 北京：北京大学出版社，2023.11
ISBN 978-7-301-34181-0

Ⅰ．①创⋯　Ⅱ．①陈⋯　②陈⋯　Ⅲ．①创业—研究　Ⅳ．①F241.4

中国国家版本馆 CIP 数据核字(2023)第 122381 号

书　　　名	创业思维与推理：认知型创业的父女对话 CHUANGYE SIWEI YU TUILI: RENZHIXING CHUANGYE DE FUNÜ DUIHUA
著作责任者	陈少文　陈子菁　著
策划编辑	杨玉洁
责任编辑	方尔琦
标准书号	ISBN 978-7-301-34181-0
出版发行	北京大学出版社
地　　　址	北京市海淀区成府路 205 号　100871
网　　　址	http://www.pup.cn http://www.yandayuanzhao.com
电子邮箱	编辑部 yandayuanzhao@pup.cn　总编室 zpup@pup.cn
新浪微博	@北京大学出版社 @北大出版社燕大元照法律图书
电　　　话	邮购部 010-62752015　发行部 010-62750672 编辑部 010-62117788
印　刷　者	北京中科印刷有限公司
经　销　者	新华书店 787 毫米×1092 毫米　32 开本　10 印张　插页 12 137 千字 2023 年 11 月第 1 版　2025 年 2 月第 8 次印刷
定　　　价	69.00 元

未经许可，不得以任何方式复制或抄袭本书之部分或全部内容。
版权所有，侵权必究
举报电话：010-62752024　电子邮箱：fd@pup.cn
图书如有印装质量问题，请与出版部联系，电话：010-62756370

/作者简介/

陈 虎

笔名陈少文,将用名孔渊明,父亲,45岁。中南财经政法大学教授、博士生导师,南湖特聘教授,文澜青年学者,北京大学博士后,香港大学访问学者。中欧法律基金会法律文化交流大使。曾在中央电视台、得到等媒体平台担任主持人和主理人。辰宇集团战略顾问,传承导师,辰瀚商学院名誉院长。现深耕全人教育和创二代家族认知传承。

作者微信

作者邮箱:784681489@qq.com

▶ 个人自述

我不安于一种特定的人生,多年来,是好奇而非能力助推我不断拓展生命的边界。我相信孔老夫子"毋意,毋必,毋固,毋我"的忠告,坚信所谓精彩就是让自己无法归类。对于生活,我的理想是——从容点,不较劲,微笑,忍耐,跟谁都不急,看啥都顺眼,不比。

陈子菁

女儿,17岁,澳大利亚悉尼大学本科(商科)在读。爱音乐,爱摄影,爱旅行。

▶ 个人自述

我认为世界上大部分东西都是明码标价的,我爱财富,犹如我爱自由。

/推荐语/

▶ 少文老师创新提出经验型创业和认知型创业的思路让人认知一新,沿着这个思路应用大量案例娓娓道来,充分考虑了对话双方的认知层次,逻辑严密,思辨性强,是一部创业启迪书,亦是一册很好的青春商业读物。循循善诱中透出一个父亲满满的爱,市场不相信眼泪,这更是一本爱的教育书《创业思维与推理》有意思、有趣,值得一读!

——**凤凰卫视有限公司北京管理中心总裁 崔慧娟**

▶ 这是一本想了解一般人创业为何会成功或失败的好书,更是一本父女对谈的好书。人的一生中,不管您有什么想法,都难脱离商业世界独善其身,因为每个人都需要一点商业思维,才能借力使力,透过足够的经济资源,完成您一生所追求的大小梦想。

——**中国台湾连续创业家,海峡两岸暨香港、澳门著名财经讲师 林明璋MJ**

▶ 陪伴和回应,是一切教养的起点。纠正和引导,是一切教养的保证。在少文老师的课上课下,我都深切感受到了这一点,这本书正是他和孩子之间最默契的回应和引导。

——**公羊会全球联系会议副主席、北京焱茂能源科技有限公司董事长 杨玲**

▶ 创业尤其是成功的创业,让创业者自己完整地讲一遍故事,基本上是一次有所用心的化妆,除非访问者有一些不同的角度打破他的自圆其说。所以看陈老师的这本书,与其看谁在接受采访和他们的故事,更有意思的是从怎样的角度提出问题和形成了怎么样的互动内容。不信,你就自己来看看再说!

——**零点有数董事长 袁岳**

▶ 陈老师和子菁的对话,像一场父女结伴同行的探索旅程。视阈开阔延展,在弹性边界间收放自如,思维推理认知见树亦见林,如两代共建的创业装备库。以爱托底,乘物游心,自由温暖~

——**The house of I 传家国际生态村创始人 杨紫薇**

目 次

序 一本不可多得的父女创业思辨推理好书
　　林明璋 MJ ……………………………………………… 1
代序 家庭教育的核心是人格与认知 ……………………… 1

开 篇

对话 01
创业模式：经验型创业与认知型创业 ………………… 3

创业认知

对话 02
认知模型：反行业共识与逆结构要素 ………………… 25
对话 03
财务模型：最小化产品与盈亏点平衡 ………………… 54

对话 04

规模想象:大赛道选择与投资人思维 …………… 69

对话 05

决策工具:试错型基准与次优化选择 …………… 86

创业意志

对话 06

胆识魄力:大概率思维与小容错区间 …………… 101

对话 07

挫折逆商:安全岛思维与特种兵策略 …………… 115

对话 08

个性风格:弱点即特点与顺性加突破 …………… 131

对话 09

底线边界:价值观排序与互利性阳谋 …………… 147

创业行动

对话 10

客户思维:强逻辑论证与参与式说服 …………… 175

对话 11

产品体系:三级式火箭与抛物线定价 …………… 186

对话 12

社群文化:生物型演化与老客户至上 ………………… 209

对话 13

管理艺术:授权即容错与冲突即时机 ………………… 226

附录 创业对话:对话零点有数袁岳

基于认知的创业选择:政策研究 ………………… 245
概率思维与容错区间 ………………… 255
商业启蒙与商业伦理 ………………… 268

后 记 ………………… 285

序
一本不可多得的父女创业思辨推理好书

林明樟（MJ）*

第一次与少文老师碰面是2018年11月在香港，当时就对他深厚的历史人文底蕴与法学素养深深着迷（一个人怎么可能懂得那么多领域的知识），任何议题与他聊起来都是一种享受，后续的几年，我们又分别在上海与台湾等地碰面，少文的谈吐与风采一样令人着迷。

欣闻少文将与女儿子菁合著一本关于创业思维的著作，拿到书稿的第一时间，带着好奇的心翻阅，翻着翻着，我看到的是满满的父爱。

---

* 中国台湾连续创业家，海峡两岸暨香港、澳门上市企业指定度最高的顶尖财报职业讲师。

身为两个孩子的父亲以及作为上市公司欧洲区业务主管十年经历与连续创业家的些许经验，我真心觉得，少文这本书真的是创业界的惊天之作，原因有三：

第一，过去从 0 到 1、无中生有的创业过程，我们强调的是手感，每次创业到底该选什么题目？这次又应该解决什么社会以及面临的其他问题？全凭当时的社会趋势与自己多年经验的手感，传不出来也说不清楚，只觉得当时应该这么做。少文用法学推理的方式，一步步透过与女儿的对谈，引导读者解析出胜算大的创业质变思维。

第二，整本书就像是一本行为经济学在创业与个人人生经营领域的实践手册，从最根本的也是最重要的认知思维切入，一步步带领读者检验自己的创业意志、创业的行动，带着读者盘点自己所拥有的有形与无形资源，自己先来一场精彩的脑洞创业之旅。

第三，最令我动容的是，从书中可以看出一位父亲对女儿深深的父爱，他教的不只是创业思维，而是女儿一生都能受用的人生经营独立思考思维，从最少试错模式到大概率思维、认清自己的弱点转念变成特点、再顺性加以突破成为事业的卖点，其实都是在引导女儿如何在人生路上用最低成本去试错与动态调整，进而带着不怕失败的勇气，敢于追寻自己梦想的人生经营思维。

这是一本想了解一般人创业为何会成功或失败的好书,更是一本父女对谈的亲子好书。

人的一生中,不管您有什么想望,都难逃离商业世界独善其身,因为每个人都需要一点商业思维,才能借力使力,通过足够的经济资源,完成您一生所追求的大小梦想。

这是一本超级好书,MJ满分五星诚挚推荐给您。

亲子关系大于亲子教育
认知传承重于财富传承
——陈少文

代序
家庭教育的核心是人格与认知

创业思维 与 推理

ENTREPRENEURIAL
THINKING
AND
REASONING

1

平日里,我有把两本观点相左的书对照阅读的习惯,由此收获的智力愉悦非语言能够描述,而在今年的阅读经历中,有两本书带给了我前所未有的情感冲击。

两本书的作者是一对父子。

父亲纵横商海数十年,是国内首屈一指的本土战略咨询领军人物,是无数企业家和地方政府的座上宾,其作品《×××论战略》系统梳理了他在本土化顾问咨询行业深耕30年来的经典案例和方法谋略,读来酣畅淋漓,令人高山仰止;

儿子则自诩为一位修行者和一个自由人,回顾自己在权力和财富里泡大的成长经历,他自认为收获了异于同龄人的麻木与空虚,他用一部非虚构作品《财富的孩子》勾勒了中国一批富二代群体的精神绝境,借他人之酒杯,浇自己之块垒。

让我感受到强烈情感冲击的是,在后一本书里,儿子对于父亲毫不隐藏的情感背离与控诉,使得父辈在前一本书中所展现的辉煌成功显得无比滑稽和悲凉。

比如,他特意把记者对父亲和自己的两篇采访作为序言放在全书之首。很多问题的答案互相对照,从而讽刺意味十足。

记者问父亲:"你会把财产传给子女吗?"

父亲回答:"我给儿子打过两千万,没起什么好效果,我后来转念一想,我给他这钱就等于让他丧失了一次自己创造财富的机会。"

而在对照篇的访谈中,记者又问儿子:"你父亲为什么会给你两千万?"

儿子回答:"因为我满足了他的条件,和未婚妻分开了。"

啪啪打脸。

类似这样的打脸在书中比比皆是。

儿子在访谈中直言不讳地评价父亲:"他也许是个成功人士,现在还着迷于自我修行,但在我看来,他是个彻头彻尾的骗子。

"小时候,他对于我就是个陌生人,尽管他一直试图把我带在身边,参加那些项目考察和董事会议,但我感觉自己跟那一切都格格不入。新年家族聚会的时候,我们曾经有过独处的机会,但却不知道该聊些什么,他唯一上心的就只有自己的那份事业。"

至于将来的财富传承,儿子更是愤愤地表示:"所谓家族信托基金,就是坟墓里伸出来的一只手,在父亲活着的时候，维系我们的纽带就是金钱，而等他死了，依旧是金钱。"

……

他永远忘记不了高中时有一次被临时传唤到一个坐满成功人士的饭局上，悄悄地坐在一个角落里，父亲兴致来了，突然开始点评起他，言语中提到他的一些行为，最后以"废物"定性，儿子无法强忍住泪水，当着众多陌生人的面赶紧用湿巾捂住了眼睛，可是身体的抽动还是没能挡住。这一幕永远停留在了自己的记忆里，他感觉自己变成了一条畏首畏尾的狗崽子，完全臣服于虐待他的主人。

在全书里，你随处可以感受到，儿子由于被父亲的权威压制，始终没有发展出独立健全的完整人格。

人格如此，认知更是如此。

因为父亲做的是依靠战略创意进行顾问咨询的智慧产业，人身依附性相当地强。每次长辈问及同一个问题："将来会接父亲的班吗？"儿子的回答总是充满了无奈和愤恨："没法接，他那是无形资产，没人可以替代他。"

也就是说，父亲的事业越大，就越会后继无人。他从来没有把自己做顾问咨询的认知和方法，传给自己的孩子。

可以说，这两本书的阅读给我带来的冲击胜过了以往所有教育书籍的总和，在阅读过程中，我不止一次想起网络上流行的一句极为扎心的话——

我活得像个父母双全的"孤儿"。

儿子充满勇气写完的这本书，代表着向父亲发出的最为严厉的控诉，值得引起每一个沉浸在事业和成功之中的人深刻的反思。

2

那，应该怎么做呢？

供他们吃穿，给他们最好的物质条件，提供最好的教育资源，再留下一笔可观的财产，这样的父母，做得还不够吗？

是的，不够，远远不够。

我们必须认真思考，相较于学校教育和社会教育，家庭教育的唯一性究竟在哪里？

我的答案是——人格和认知。

人格是托底，认知是拔高。

在一次游学中，曾有个学生咨询我关于怎样追讨欠款的问题。她的想法是，如果能要到当然最好，真要不到也就算了。

一笔不算太少的合理债权，在追讨的过程中几度欲言又止,始终不好意思向对方开口。

我觉得,这个问题的背后不仅仅是沟通技巧的问题,很可能隐藏着某种不易被人觉察的人格密码。

根据我多年的经验,一个人在陈述过程中下意识使用的措辞往往反映了她的潜意识。她在陈述中,不断使用"师兄"来指代债务人的具体身份,让我敏感地意识到,这层师兄妹的关系可能恰恰就是她羞于追讨债权的原因。

我追问下去:"为什么你会这么强调你们的师兄妹关系,而不是用其他社会身份来描述你们的关系?这位师兄是不是和你们共同的师父关系更近?你之所以难以启齿会不会是潜意识里担心他对你的看法会影响你和师父的关系?"

对方沉默了一会,竟然全部承认。

她说,在说出这些问题之前,她自己都没有仔细思考过这中间的因果联系。的确,她的潜意识里总是担心一场正常的债务追讨到后面会演变成师父对自己的误解,为了避免这个假想出来的结果,她竟然宁愿放弃合理的权利主张。

我继续追问:"你师父是不是年龄和你父亲相仿,在你的世界里替代了你童年父亲的角色,继续控制着你的生活?你童年渴望得到的父亲的肯定,演变成成年后害怕被师父否定的心理机制?"

她听到这里,泪水突然夺眶而出,"是的,师父就像我童年时那个威严的父亲,我渴望和他亲近,又害怕和他走近,我谨言慎行,生怕破坏哪怕一点点我在他心中的形象。我的父亲是个军人,他从小对我要求就极为严格,从未正面肯定过我,有一次我犯了错,就是不承认错误,他一定要打到我哭为止,我越是不哭,他就打得越厉害。"

我明白了。

那一刻,我彻底理解了她在成年以后很多让自己也难以解释的言行背后的逻辑,她会把生活、工作中一切年长者想象成父亲,从而自动把自己定位成女儿的角色,去刻意地维护这种不对称的社会关系。

"你的父亲把家当成了军营,你如果不哭,你就只是他的士兵,而当你哭出声来的那一刻,你才是他的女儿,他才是一个父亲。"

中国式家庭,从来不会缺少一个威严的父亲,他们秉持着"批评使人进步、骄傲使人落后"的简单观念,用家长制的方式对待自己的子女。殊不知,无数童年的画面塑造着孩子的自我人格和情感人格,并一直延伸到他们成年以后,深刻影响着他们的工作和生活。

接触的学生越多,我就越深刻地感觉到,人们几乎所有成年以后的心理和情感模式,都可以溯源到童年人格形成阶段所遭受到的挫折与伤害，很多人其实都需要一次和父母的"和解"或者"战争"。

我们既然都已深受其害，那当然应该由此反思，我们自己在为人父母之后，相比于学习成绩，是不是应该更为关注孩子的人格发展？在关注孩子成绩变化曲线的时候，是不是应该更为关注孩子的人格变化曲线？

为此，我极为强调人格养成在家庭教育中的核心地位，并以"亲子关系重于亲子教育"为中心构建了自己的人格教育理念和方法体系，提出了"有责任的自由、有安宁的快乐、有专注的丰富、有节制的挑战、有活力的健康、有严肃的活泼、有边界的松弛"的理想人格，以及"自我人格，情感人格，社交人格和事业人格"的人格类型理论。

我希望，错误的教育观念可以在我们这一辈年轻父母身上消失，给孩子一个健康的人格，这是原生家庭对孩子最美的祝福。

3

但是，仍然不够。

人格的健全和完善只是家庭教育的起点要求，认知的传承才是最高的目标。

很多家长对孩子的成长非常焦虑，但事实上，真正能够影响孩子一生的并不是那些可见的知识点和成绩表。相反,那些植入内心的认知观念才是左右其人生抉择的关键因素,选择比努力更重要,而认知比选择更重要。

我经常在授课时戏称,在我们周围,富裕的家庭不可能超过三代,但贫穷的家庭很可能已经传承百代。这深刻说明了一个道理,创造财富的认知很难被传承下来,但穷困潦倒的思维却很容易传承千年。

"知乎"上曾有个帖子——《女儿今年上大学,要用被奖励的钱买LV包,我应该怎么对她说?》。试想,这个问题如果发生在你身上,你是取消奖励,劝说其勤俭持家,还是放任不管,尊重其自主选择?

我想,这两者可能都不是正确的做法,关键在于父母是否意识到这是孩子进入成年世界后第一次宝贵的财商教育的机会。通过这件事给孩子植入一个可以让其受益终身的认知,远比五万元钱具体怎么花费要更有意义和价值。

但问题是,绝大多数父母就只会放任或者说教,却并不知道应该植入一个什么样的财商认知。

父母仅仅知道五万元钱买一个所谓名牌包包,性价比是极低的,但却忘记,新一代的消费理念和上一代勤俭持家的观念完全不同。他们认为自己理应享受更好的品质、更好的生活,单单从性价比角度进行说教非但不会起到好的效果,严重的还会由此损害亲子关系。

如果是我，当然会尊重两代人的消费观念的差异，而且既然我已经承诺奖励，这笔钱的所有权和支配权当然就是孩子的，她有权作出任何处分。

但是我也会告诉她，我作出这个消费决策背后的认知逻辑，我当然不会用性价比这个显然已经落后于时代的陈旧观念，而会给她一个新的消费认知——用价比。

我会告诉女儿，你们没有生活在物质极端短缺的年代，当然不用刻意让自己节衣缩食，你们理应享受自己努力创造的一切物质条件，应该让自己过上更高品质的生活，享受更高品质的器物和服务，这些都没有问题。问题是，如何区别这种新型消费观念和奢侈浪费？

区别就在于——用价比。

所谓用价比是指，作出消费决策的时候，既不要片面追求便宜，更不能片面追求昂贵，而是要在自己使用的频次和价格之间取得一个最佳的平衡。假设我要买一个包包，每天都要使用，五万元的包包使用寿命五年，平均下来每天折旧价格大概在三十元左右，这是我为我的高品质生活可以承受的合理区间，但如果五万元的包包每年只用一次，平均每次的使用价格就是一万元，这就远远超出我的消费区间，因而可以被判定为奢侈消费，从而应该远离。

所以，一个"用价比"的概念，既没有让孩子固守老一辈的消费观念，也没有滑向奢侈消费的另一个极端。如果经由这一个事情能够给孩子植入一个影响终身的消费观念，这五万元不是也花得很值吗？

同样的道理，芬尼创始人兼 CEO 宗毅，在女儿上大学时也遇到了类似的问题。

他曾答应女儿考上大学后就奖励她一辆车，但没有想到，录取通知书拿到手后，女儿要求买奔驰，而理由仅仅是同学开的就是奔驰，她的车不能比同学的差。

以宗毅的经济实力买一辆奔驰也不是什么特别为难的事情，但为了面子而买车则引起了宗毅的警惕，他觉得，这是一次宝贵的认知教育的 timing（时机），必须认真对待，合理说服。

他想了一个办法，让女儿对比了奔驰、雷克萨斯和丰田花冠三款车的价格，分别考察了新车和二手车，以及每款车的养车费用这几个信息。列表完成对比后，宗毅又引导女儿思考，不同的购买方案背后，可以剩余多少资金进行投资。按照宗毅投资股票的经验，年均收益在 15% 左右应该没有问题，这样的话，指导她利用剩余资金投资所得的收益可以由她自由支配，这样下来，五年后就可以赚一辆奔驰车出来。

而如果按照女儿之前提出的要求，购买一辆新奔驰，五年内还要支付养车费用 2.5 万美元，五年后的净资产是负值，资产收益率为-24%，但如果买一台二手的丰田花冠，五年后净资产达到8.7万美元，比五万美元还要高，买一辆全新的奔驰车绰绰有余，投资收益率高达174%！经过这样的计算，对女儿的金钱观和消费观的指导简直不亚于接受四年的商学院的教育。

宗毅利用一个普通家庭可能会鸡飞狗跳的代际矛盾，成功地为女儿的财富人生植入了第一个极为重要的观念认知——买入的不应该是负债，而应该是资产，从此他的女儿可能就会和同龄人具有截然不同的认知起点，因而可能迎来不同的创富人生。

果然，后来，她女儿更进一步，连二手丰田车都没有买入，而是用父亲植入的这个观念成功说服室友买了一辆二手车，并主动做了她的司机，把手头的资金全部用于投资，因而可能产生比他父亲设想的还要好的投资收益。

这就是家庭教育中认知教育的重要性。

在我看来，很多父母都在忙于事业，似乎给孩子留下一笔可观的财产就可以保证她一生无忧，实际上，给孩子留下一个可以随时重新创造财富的认知系统，远比留下实体的财产要重要得多！

在"亲子关系重于亲子教育"（人格）之外，这便是我家庭教育的另外一个极为重要的支柱性的观念——"认知传承重于财富传承"(认知)。

人格和认知，是家庭教育最为核心的两大支柱。

4

以这个视角重新检视我自己的家庭教育，觉得总体而言还是十分值得庆幸的。

我和我爱人都高度重视孩子的人格发展，我们一直奉行十分宽松的教育理念，用肯定而非否定、浸润而非说教、授权而非管控的方式给予孩子足够的人格成长空间，并在发现"填鸭式"教育已经可能影响其人格发展的时候，毅然决定选择国际教育路线。作出这一决定的时候，我在家庭会议上明确提出，这个决定的目的只是离开，非为到达。只要孩子的脸上能够重新泛起笑容，这个决定就是正确的，无论将来是否可以考上理想的大学，脸上能够重新泛起自信快乐的笑容就是我们的目的。

有了好的人格土壤，我也丝毫没有放松对孩子的认知"陪养"。

为了探知孩子将来的人生发展道路和兴趣天赋，我曾利用整整一个寒假的时间，每天选择各种经过我筛选的案例和阅读素材与女儿交流，后来发现，她对商业有着超乎寻常的兴趣和兴奋点，而且很多直觉都非常精准。在和她确认之后，我们决定选择商科作为未来人生的发展方向。同时商定，在商业思维方面共同创作一本对话录，利用写作的机会进行亲子沟通和认知植入，既能够为她将来搭建一个初步的商业思维框架，又能够作为第二年申请大学的支撑材料。同时，稿费收入还可以作为大学期间的旅行和创业基金。

我们还商定，这份父女对话录在大学入学后也会一直持续，我们将陆续在艺术鉴赏、历史思维等领域继续进行认知对话，并结集成册，由此构建的观念和认知体系，或可作为她未来事业的方向选择——青少年的人格和认知教育。

我曾发过一个朋友圈，内容如下：

很多，甚至绝大多数父母，关心孩子的成长都是虚假的。

对于孩子真正的人格和认知的成长，其实毫不关心，或者无力关心。

在漫长的一生看来，成绩的短暂起伏对于幸福人生所起的作用，其实可以忽略不计。

我们要时刻牢记的是，
家庭教育的唯一性，永远都是人格的健全和认知的成长。
亲子关系大于亲子教育，

认知传承重于财富传承。

这应该是每个父母都应该信奉并践行的教育的第一性原理。

陈少文

2023年8月2日于武汉如释书房

8月16日修改于安徽淮南

认同本书作者教育理念,希望能为孩子寻找人生指引的家长朋友,可以扫描二维码加入我们的亲子社群(共读营和财商营),共学共进。

少文亲子共读营

少文亲子财商营

开 篇

创业思维 与 推理

ENTREPRENEURIAL
THINKING
AND
REASONING

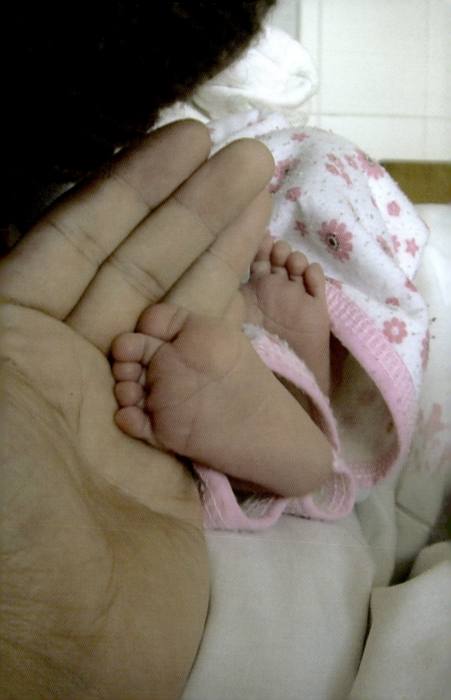

From majestic mountins and valleys of GREen to crystalclearwaters so blue,this wish comging to you.

给爸妈：

首先感谢你们会赚钱（嘿嘿），这也一定程度上给我很多选择的机会，比如去今日学堂，枫叶以及出国。当然也要感谢你们给了我选择的机会，甚至在小学把选择权交到我身上，我在一次次大大小小的选择中学到了不少。

然后，谢谢你们能理解并支持我的每一次决定，鼓励我的每一次尝试。

祝 事业顺利，身体健康，每天开心。

陈〇〇
2022.3.28

对话 01 创业模式
经验型创业与认知型创业

创业成功靠的是
勤奋和汗水吗
？

陈少文 子菁,你不是对创业很感兴趣吗?从今天开始,我要和你进行一段相当有趣的商业之旅,一起聊聊关于认知型创业的话题。

陈子菁 认知型创业?

陈少文 对。关于创业,历来有两种不同的模式,一种是先跳起来再找方向,我们可以称为"经验型创业",另一种是找好方向再起跳,可以称为"认知型创业"。为什么我不和你聊经验型创业?因为这已经是一套过时的创业模式。中国第一代企业家的创业模式往往都属于这一类型,他们创业的时候,中国商业环境还不是很好,也没有创业本钱,但他们有的是吃苦耐劳的品质和敢于冒险的性格,靠这两点闯入商海,加上机遇、运气和商业直觉,取得了巨大的商业成功。所以在他们回顾自己成功之路的时候,往往会强调勤劳和机遇的作用,但是在企业接班的时候,却出现了一个非常突出的问题,就是这些经验无法传承给下一代。

陈子菁 很多企业家的演讲强调成功是艰辛和汗水换来的,是不是因为他们的成功确实没有系统的方法论?

陈少文 是的，所以这一类企业的成功，一是无法在家族内部形成认知传承，二是无法在社会层面积累创业思维。成功非常偶然，失败却是必然。据统计，每 1000 家创业企业，会有 10% 的存活率和 1% 的成功率，他们的成功其实更多的是一种比例性的幸存。所以，他们的创业之路可能就没有太多学习的价值。在你们将来的商业时代，认知型创业将会毫无疑问成为创业主流，所以我把它作为我们交流的重点。

陈子菁 关于认知型创业，能不能举个例子？

陈少文 举个你熟悉的例子吧，抖音的创始人，"80 后"企业家张一鸣。他有一个底层认知我觉得特别厉害——逻辑上成立的东西现实中一定可以存在。他就是依靠这个强大的信念和认知，开发出了多款成功的产品，每一个都是爆款，比如抖音、今日头条等。这种假定机制是我最佩服的企业家精神。你想象一下，如果你不假定你要搜索的信息一定可以在网上找到，你会坚持搜索吗？如果你不假定你的商业直觉一定是正确的，你会坚持不放弃吗？那些没有创业意志、在失败面前轻言放弃的人，其实在认知层面是没有建立一套这样的假定机制。有了这种假定机制作为底层认知，再加上有自己清晰的认知和决策模型，他的成功几乎就是必然的。你知道，我一直强调，重大决策推理不能超过三步，超过了就说明要么决策没有模型，要么决策模型需要调整。比如我们当年报考大学，绝大多数人都是拿着报考指南，一个大学一个大学地研究，一个专业一个专业地排除，而张一鸣只是作了一个简单的推理，就作出了人生当中非常重大的决策。第一，他希望在海边读大学；第二，他希望读一个综合性大学；第三，他希望读最有前景的计算机专业。这几个标准一确定，就迅速锁定了这三个指标排名最靠前的南开大学计算机系，决策链条非常短，这种思维方式和对事物的认知水平决定了他从事商业活动时必然也是依赖认知事物的底层逻辑。他在一次接受记者采访的时候说，对一个事物的认知而不是资源，才是创业者在这件事情上最大的竞争力。你对这个事情的认知越深刻，你就越有竞争力。任何一个公司，在创业之初，无论有资源还是没有资源，其实差别都很小，人最多也就多几十个人，钱再多也就多个几千万。但是你对事情的认知，却是没有天花板的。这个才决定了公司的未来。

陈子菁 那认知型创业是不是要全部想清楚了才行动呢？能不能边干边想呢？

陈少文 当然可以。很多人是在经验创业的过程中开始总结复盘，然后经过认知调整重新出发并且取得成功的。只要行动是被认知指引而不是直觉或热情指引的，都是认知型创业。你看过《当幸福来敲门》这部电影吗？

陈子菁 当然看过，我还记得这部电影的英文片名拼错了呢，*The Pursuit of Happyness*，我们老师上课时还专门提醒我们这个词拼得不对。"y"应该改成"i"。

陈少文 不是导演拼错了,而是他故意这么拼的。你还记得影片开头第一次出现这句话的场景吗?主人公加纳送孩子到唐人街的华人幼儿园之后,在墙上发现这个错误拼写后好意提醒扫街大叔,应该是"happiness"而不是"happyness",但是大叔用粤语回答他:"我不是说过吗,我不会说英文。"其实导演是想通过这个细节的设计告诉观众,不论种族、文化、宗教和受教育程度的高低,任何人都有追求幸福的权利。这是题外话,我们回到主题。主人公加纳用所有积蓄投资了一款高科技治疗仪向医院推销,但是因为价格昂贵,根本没有销路。你看,此时的他其实还只能算作经验型创业,他的这份工作并没有经过科学的分析和逻辑的推理。直到有一天,不堪忍受生活困境的妻子提出分手,从此他就独自带着儿子在这座城市打拼谋生。通过自己不懈的努力,他终于争取了一个在股票经纪公司实习的机会。但是,另一个艰难的抉择又摆在了加纳的面前。第一天上班,他就被带到公司高层的落地玻璃处,望着窗外各种伟大公司,主管告知所有实习生,几周内他们将得到一份电话联络簿,上面有金融区内每家财富500强公司员工的电话,他们要主动给潜在客户打电话,设法吸收60家财富500强公司的资金,只要能够完成任务,哪怕陪他们吃午餐、洗衣服、带孩子,都必须去做。要想方设法让他们了解公司的投资套餐,并设法说服他们购买。

陈子菁 我还记得当时实习生很多,好像有几十个人,却只有一个人可以因为业绩达到 80 万美元而被正式录取,最要命的是,六个月实习期间的工作是没有任何报酬的!可是,这是他唯一的机会,在长达半年的时间里,他无法支付房租水电,连日常餐饮都无法保障。

陈少文 对。我们可以设想一下,如果是你,你接下来会怎么做?

陈子菁 正常的思路肯定是拼命打电话啊!这是唯一可以改变自己命运的机会。打的电话越多,机会就越多,机会越多就代表客户越多,客户越多就意味着帮公司赚的钱越多,赚的钱越多,留在这家股票经纪公司的机会就越大,改变命运的可能性就越大。他没别的选择。

陈少文 好,我们看看主人公是怎么做的。每天不停打电话,为了那个几乎不会有什么奇迹发生的转化率,拼的全是速度。而且,因为要接儿子,加纳每天只有 6 个小时的时间,比别人又要少干 3 个小时。为了不浪费时间,他在打电话的过程中尽量不放下听筒，这个小小的改进可以为自己每天挤出 8 分钟的额外时间，而且他也不会喝水，这样不用去上厕所，又可以节省出十几分钟。

陈子菁　那也没用啊，这样一天最多也就追回来半个小时，还差两个半小时呢，更别提还要成为业绩第一了！

陈少文　你看，加纳在同一个业务流程中，按照同一个业绩增长模型（单位时间电话量×行业平均转化率＝业绩）的工作模式，即便再努力，付出再多辛苦，都不能保证他能成为笑到最后的那个人。这就是经验型创业。我们生活中有无数看起来很累，但效果并不好，或者成功很偶然的商人。

陈子菁　我懂了。他必须跳出这个模型！仅仅优化工作流程不可能发生质变，他会一直这样辛苦下去。

陈少文　这就是最可怕的创业怪圈。越辛苦就越停不下来，因为增长模型出了问题，他的动力系统不是复利，而是劳力！所以后来的故事你也知道了，他做出了一个改变！他开始研究电话簿，找到后面标记有 CEO 字样的客户，开始选择有支付能力的重要潜在客户，准备做客单价了。不过对方要求他20分钟之内赶去面谈，却不承诺任何结果。如果是你，去不去？注意，这里可是会浪费掉20分钟打电话的时间的哦！而且，成功与否没有任何保障！

陈子菁　我去。我是这样想的，继续在这里打20分钟电话，也不见得就能成功，去了也许还有机会，只要对方答应了，一个大单抵得上这里几个小时的小单。

陈少文　你的直觉很准。我帮你升维一下，这个情境涉及两个重要的创业认知。第一个创业认知是成本结构。很多人这个时候会放弃，认为耽误了时间，这类人就没有认知型创业的潜力，因为他们的认知系统很落后。这里应该计算的成本不是时间，因为即便留下来继续打电话，20分钟也没有固定产出。即便有，也只有一两个，而这一两个的产出才是你真实的成本。但20分钟出去面谈，得到的是一个概率性机会，一旦成功可能就抵得上200分钟电话带来的业绩。所以，这里思维的关键在于如何衡量这20分钟的成本，这就是关于成本思维的重大认知差异。比如，一个出租车司机如果把时间看作自己最大的成本，就不会选红灯多的路；而如果他把油耗看作自己的最大成本，就不会选择距离远的路，那种一味只知道绕远路的人，其实头脑里没有对成本结构的清晰认知，这只是小聪明而已。

第二个创业认知是概率思维，就是我们有没有勇气跳出一个非常安全的增长模型，而去主动尝试一个有着巨大机会但存在不确定性的增长模型。通常如果一个人可以对自己的成本结构有很清晰的认知，比如，一个创业者究竟是花钱买时间，还是花时间省钱，往往可以看出他今后的发展天花板。另外，敢于在自己的容错区间内作一些不确定性的概率决策，这类人就具备了认知型创业的潜力。主人公后来究竟是否成功已经不重要了，即便这次失利，他身上具备的这两个素质，一定可以帮助他在其他项目里取得成功。人生漫长，不必在乎一时一地的得失。

陈子菁 我还从来没有从创业角度思考过这个电影，真的好有意思。爸爸，这个故事是不是就是您说的，一开始的时候加纳走的也是经验型创业的道路，拼的是投入的时间和付出的努力，但是这样的勤奋并不能保证自己一定比别人结果好，更不能形成绝对的优势地位。所以经过复盘，他通过改变业绩增长模型和作出概率决策，而走上了一条一旦成功就可能是几何级增长的快车道？

陈少文 对的。这就是从经验型创业到认知型创业的转化。所以,一开始走弯路不要紧,最重要的是,人要永远保持一个随时反省和跳出固有框架的能力和觉知。其实电影中的故事在真实世界里发生过,我可以把这个故事演绎一下。戴尔电脑的创始人迈克尔·戴尔最早学习的是医学,他在16岁那年的暑假,找到了一份工作,负责争取《休斯敦邮报》的订户。和电影《当幸福来敲门》一样,报社也是给业务人员一份电话用户名单,然后由他们逐个打电话向顾客推销。报纸的全年定价80多美元,提成30%。开学后统计大家的销售业绩时,发现学生收入一般都在1000~2000美元之间,2000~3000美元之间的有十几个人,3000~5000美元的有五六个人,5000~10000美元之间的有四个人,10000美元以上的只有一个人,就是戴尔,而且是18400美元!老师当时很严肃地说,做财务最重要的是要认真,小数点不能点错。他说:"我一学期在哈佛大学讲课才挣36000美元,你肯定是算错了。"

陈子菁 这完全不是一个量级啊!连老师都以为是算错了。

陈少文 是啊,如果只是比别人更卖力,投入更多时间,你觉得会领先别人这么多吗?

陈子菁 肯定不行,他肯定也是模式上创新了,才会有这么大差距。

陈少文 对的,他肯定是认知型卖报,而不是经验型卖报。在介绍经验的时候,其他同学可能只能说些鸡汤话,早起晚睡,少吃多干!对吧。戴尔肯定能讲出一套方法论,而且可以直接给商学院授课。

陈子菁 那他是怎么卖的呢?

陈少文 和前面讲的电影非常像。他一开始也是按照行业惯性，大家怎么做他也怎么做，后来发现这样下去，业绩拼的全是平均转化率，没有智慧含量，没有挑战性，一天最多能打80个电话，一个星期下来只成交了3单，每单提成20多美元，才60多美元。这样下去，一个暑假才能挣500多美元。另外两个同一个报社的销售人员，第一个星期分别成交了9单、11单，两个月分别挣了1200多美元和2400多美元。这样算的话，拼传统模型，戴尔与这两个最后表现垫底的同学都有很大差距。如果还按经验型模式，和别人拼努力，最后结果可想而知。所幸的是，戴尔不愧是具有商业头脑的人，他在第二个星期就及时调整了自己的销售策略，每周一、三、五出门，二、四、六回来打电话。

陈子菁 为什么二、四、六还要回来啊？

陈少文 问得好！这就是作概率决策的另一个模型，当你还没有找到一个新的增长模型的时候，不能前进得太快，还应该有一块固定的战场不能放弃，按住一头，才能放开一片。比如，一个互联网公司，有一块非常挣钱的业务，这个增长模型虽然算不上很好，但增长很稳定，可以做大后方。而互联网的创新业务也发展起来了，但前景不明，概率不清，这个时候怎么办？当然不能把传统业务都放弃，这个赌注太大了。所以，要收缩到非常稳定的增长板块，然后把创新业务板块单独拿出来发展，和传统模块做一个切割，这样就有了根据地，可以保证基于概率的增长模型不至于冲击整个基本盘。

陈子菁 看来这些成功商人，都是认知和别人不同啊。那他一、三、五又出去做了些什么呢？

陈少文 做访谈。他去找了头一周和自己签单的几个人面谈，问他们为什么订阅报纸。

陈子菁 真聪明，我怎么没想到！别人既然同意订阅了，肯定会留下地址的啊。

陈少文 下一个就是具体的沟通技巧问题了。有时候，你想到拜访也未必能问出什么东西来，关键还要会交流。订户开始说的也都是无效信息——为什么订？报纸办得好啊，我一直都看这份报纸。如果这样的拜访，还不如回去打电话。戴尔不要这些表层的无效信息，因为既然办得好，为什么其他人没有订呢？真正的原因在于这几个人的共性，他们是刚结婚的人或者刚刚搬到新小区的租户。

陈子菁 新婚？租户？为什么？这个信息有什么用吗？

陈少文 当然有用。你要这样思考问题，任何人作任何决策都是基于一个心理需求，基于这个假设，你去思考订户的回答，报纸办得好肯定不是心理需求，为什么他们需要订阅报纸才是心理需求。租户刚到一个社区，每天下班回家打开报箱，看不到任何邮件，会产生很大的失落感。尤其是刚搬入一个陌生环境的人，更需要这种被关注、被牵挂、和世界有联系的感觉，如果订了报纸，每天下班打开报箱可以拿到报纸，就可以满足这一心理需求。

陈子菁 哈哈哈，太棒了。不过可能订户自己都想不到这一层。

陈少文 所以你的拜访不能仅仅期待对方的答案，你还是要有认知做行动的指引，否则去拜访耗费了一个下午，那不是又换了一个方向拼体力和努力了吗？又陷入了一种新的经验型创业。有了这个认知，见面时可以去确认对方的心理，验证这个假设，就可以推广，并最终颠覆增长模型，将资源全部转移到新的增长模型上来，就可以获得几何级数的增长，远远地甩开竞争对手，建立不可撼动的优势地位。这就是戴尔成功的原因，也是后来戴尔电脑成功的认知基因。

陈子菁　那他下一步该怎么做呢？等等，我先猜猜。他是不是继续寻找刚结婚的人或者刚搬入新区的租户作为重点潜在客户群体，有针对性地推销？

陈少文　正确！那怎么找到这批人呢？

陈子菁　搬家公司？

陈少文　哈哈哈哈，你找到感觉了！对！戴尔就是这个思路。他发现，有些房地产公司会整理出贷款申请者的名单，而名单上是按照贷款额度来排列顺序的，所以很容易从中找出贷款额度最高的人，并把他们定位为高潜力顾客群。他锁定这些人，发给每人一封信，信的开头是此人的姓名，信上是提供所需订阅的报纸的资料。新婚夫妇也很好找，情侣要结婚的时候必须到地方法院申请结婚证书，同时必须提供地址，好让法院把结婚证书寄给他们。在得克萨斯州，这项资料是公开的，所以他雇用了几个高中死党，一起向休斯敦地区16个县市的地方法院大举刺探,收集新婚或即将新婚的新人的姓名和地址。你看,这每一步的行动是不是都被认知牵引?所有的努力都是事半功倍的,有计划、有步骤、有控制、有节奏地推进,而不是盲目蛮干,埋头苦干。这样的创业模式早就该歇菜了。

陈子菁 终于理解了什么叫认知型创业。我明白了,不一定要想清楚了才开始创业,完全可以边干边想,不然,黄花菜都凉了。

陈少文 当然。我说的认知型创业不是说必须想清楚了才行动,而是指行动必须有认知做指引。想到什么程度可以开始创业行动,这是一个量的问题。关于这一点,创业界有一个非常流行的说法,就是火箭发射式的创业思维和精益创业思维。我可以给你推荐一本书去看,美国硅谷创业家埃里克·莱斯(Eric Ries)所写的《精益创业2.0》。这本书提到了一个观点,就是现在这个时代,正在从火箭发射式的创业思维走向小步快跑的精益创业思维。在产品周期越来越短的当代商业环境中,人们不用把创业过程的方方面面都设计清楚才开始行动,而是一旦找到一个用户的痛点,就要抓住时间窗口进行饱和攻击,通过开发最小化可行性产品的方式,在创业过程中及时调整，进行持续的反馈、试错和验证。

陈子菁 还有个问题，有的商人冒险后来成功了，就被人追捧当初多么果断；有的商人冒险后来失败了，就被人作为负面案例反复批评。那创业究竟要不要冒险呢？

陈少文 你说得很好。在现实中，肯定存在以成败论英雄的现象，但我们谈的创业思维课却不是这个逻辑。来，我们来看这个创业象限图。我把创业所需要的能力划分为三个模块，分别是认知、意志和行动。这个认知我已经讲过了，是指我们选择创业项目的时候，一定要有认知模型，而不能仅仅凭借勤奋和运气，但是这个认知又不要求把创业的方方面面全部都想清楚了再着手进行，那样很可能会错失很多机会窗口。这种火箭发射式的创业思维，非要等到最后一刻才肯按下创业按钮的思维方式在美国硅谷的创业群体中也已经被抛弃。我所提倡的，其实和精益创业方法论提倡的十分类似，至少我们要有最小化认知模型，绝不能完全凭借经验到处乱试。你在创业之初就要有一套在逻辑上成立的认知模型，至少在逻辑上能够成立。

陈子菁 那后面两个象限是什么意思呢？意志和行动？

陈少文 如果关于最小化产品的认知模型可以成立，同时也能跑通财务模型，实现最低程度的盈亏平衡，基本上就等于确定了这个项目是可行的。当然，是否值得投入精力，还要看是否符合自己的规模想象。在判断自己是否要在这个赛道发力的时候，意志因素起到了很关键的作用。在我看来，意志因素主要包括创业初心和容错区间。这是决定自己是否能够在遇到挫折的时候继续坚持，以及能够坚持多久的问题。

比如，如果你把挣钱作为创业目的，则遇到挫折或持续亏损的时候可能就无法找到继续坚持的理由，但如果你把创业作为完善人格、实现社会价值的途径，可能就会超越财务模型的短期波动，给自己持久的动力。同时，即便长期看来，这个项目可能会最终失败，财务模型最终无法实现，但总体而言也在自己的容错区间内，也会让自己的创业过程心态平稳，不会患得患失，这是超越认知和行动层面非常重要的创业基因。在决定创业之前，我都建议大家好好测试下自己的意志因素，再决定是否踏上这条并不平坦的道路。

陈子菁 如果这三个因素都具备了，是不是就可以大规模行动，全身心投入了？

陈少文 对，这个时候全身心地、义无反顾地投入一个项目才是理性的。而这个时候，所有关于创业的方法论才会发挥其作用。比如，如何找人，如何融资，如何设计股权结构，如何管理，如何运营社群，等等。这些都是术的层面，没有前面这三项，术是没有意义的。

陈子菁 明白了。

创业认知

创业思维 与 推理

ENTREPRENEURIAL
THINKING
AND
REASONING

对话 02 认知模型
反行业共识与逆结构要素

怎样找到适合自己的认知创业模式？

陈子菁 爸爸，上次您说的经验型创业和认知型创业我懂了，您说创业过程中的每一步行动都要有认知做指引，我也懂了。不过，我很好奇，有没有一种人，仅仅靠认知模型，创业从来就没有失败过？做一个成一个呢？

陈少文 当然有啊，如果说上次对话我和你聊的是微观行动层面的认知创业的话，这节课我就和你谈谈宏观模式方面的认知创业。日本有一个经营之神稻盛和夫，他在27岁的时候创办了京都陶瓷有限公司，52岁时，又创办了第二电信公司KDDI，78岁时临危受命，负责拯救濒临破产边缘的日本航空公司。结果，这三次创业都成功地把这三家企业带入世界五百强的行列。而且最让人敬佩的是，这三家企业横跨陶瓷、通信和航空三个完全不同的领域。埃隆·马斯克创办的九家公司也是毫不相关的业务领域，他自己对于火箭发射一窍不通，但居然做出了连NASA都无法想象的可回收商用火箭。你说，这种成功靠的不是认知，还能是什么？肯定不是在这几个领域里摸爬滚打的经验。因为根本就没有！如果说稻盛和夫和马斯克的成功依靠的是第一性原理的话，那么中国很多取得跨界成功的企业家依靠的则是投资人思维。比如风靡全国的小罐茶创始人杜国楹，在投身茶界之前，就先后创立过背背佳、好记星、E人E本和8848等许多知名品牌，也可谓做一个成一个。这些人已经走出了第一代创业者单纯依靠行业经验与资源、依靠幸存者比例成功的魔咒，而是依靠自己对一个行业的深度认知立于不败之地。

陈子菁 他们怎么做到的呢？经验型创业只有1%的成功率，但认知型创业却有这么高的成功率。真是不得了。这个能学吗？

陈少文 当然可以学。这种宏观模式方面的认知创业，可以大体分为以下几个类型：顺基建趋势、应技术潮流、反行业共识和逆结构要素。前两个可以叫顺势而为，后两个可以叫逆流而上。我先简单讲一下前两个，这两个和你关系不大，了解一下就可以了。先说顺基建趋势，就是结合基础设施的变化趋势选择创业方向和项目。比如，我们当年在读书的时候，最火的社交软件是QQ，但是现在最火的是微信，看起来是具体产品的不同，其实底层是从个人PC时代过渡到智能手机时代的基础设施的变化在产品形态上的反映。所以，很多独角兽企业都特别关注未来基础设施可能的变化，并在其中选择创业赛道，这样往往可以取得事半功倍的效果。按照这个思路，我们就拥有了预测未来的能力。我还记得在微信最火的头几年，有一次坐飞机，我问坐在我旁边的一个商业思维特别厉害的朋友："你预测下微信的下一个替代产品是什么？"他毫不犹豫地回答我，是短视频。当时我还有些将信将疑，因为根本看不到短视频有任何火的迹象。我问他原因，他说很简单，将来的流量基础设施一旦起来，短视频最大的障碍就会消失，肯定会火。后来的发展趋势证明了他的超前眼光。这件事给我最大的震撼是他从底层基础设施的变化预测将来行业趋势的能力。那我问你，按照这个方法，到了未来的5G时代，互联网从人与机器的互联、人与人的互联，变成万物互联以后，电脑和手机不再是终端，任何一个可以通电的设备都是终端，它们之间可以数据共享。在这个基础设施之上去思考所有传统行业，就会找到很多创业机会。比如，在4G时代，冰箱就是一台储存和保鲜食材的电器；但在万物互联的时代，冰箱会和它后面的供应链中心的服务器相连，每天可以分析家庭营养摄入和营养平衡数据，并且根据这些数据调整食材供应，变成安在每个家庭里的自助超市。连家里的马桶都可以和后面的私人诊所连接，共享分泌物和排泄物的数据信息，远程进行健康监控，它将极大地促进健康产业的发展。

| 顺基建趋势 | 应技术潮流 | 反行业共识 | 逆结构要素 |

陈子菁 嗯，原来未来真的可以预测啊。怪不得很多人喜欢看科技新闻呢。

陈少文 对，这一类创业者往往是技术敏感型的。在很长一段时期内，基础设施不会有很大变化，这个时候创业项目就可以结合技术革新来进行选择。这就是应技术潮流的含义。当然了，这里的技术潮流最好是保持高研发投入带来的持续技术领先。比如在互联网企业里非常著名的三家公司：谷歌、百度和字节跳动，都是在它们的技术专利之上建立起来的庞大的商业帝国。成立于1998年的谷歌利用的是创始人拉里·佩奇的网页排序专利；成立于2000年的百度，利用的是李彦宏申请的竞价排名专利；而成立于2012年的字节跳动，则利用的是推荐算法专利。在相关专利上的每一次技术革新都可能造就一家巨型公司。

陈子菁 嗯。这两个类型都太难了，也不是每个创业公司都有条件做这样的项目吧？小公司还有没有别的方法呢？

陈少文 当然有，这就是逆流而上的两种方法——反行业共识和逆结构要素，也是我重点要和你讲的部分。这个门槛就要低得多了，经过一定的商业认知训练的人都可以具备这个能力。我告诉你一个很好用的方法。你如果想了解哪个行业，就把这个行业前几名的业绩都列出来，对比一下，行业老大和老二之间的差距是不是几何级的。如果是，多半是因为头部企业掌握了某种新的增长模型；如果不是，仅仅比第二名领先10%、20%的优势，而且排名经常变化，这里面往往就有一种行业共识的魔咒，等待着后来者去打破。你看一下下面这两张图，属于哪一类？

2022年轮胎企业销售额排行榜
单位：亿元人民币

企业	销售额
米其林	2113.95
普利司通	2096.13
固特异	1442.38
德国马牌	1035.16
住友橡胶	560.34
倍耐力	489.16
韩泰轮胎	444.9
优科豪马	438.86
东洋轮胎	253.58
赛轮轮胎	219.02
锦湖轮胎	188.63
阿波罗	177.85
玲珑轮胎	170.06
MRF	161.21
泰坦国际	153.25
耐克森	137.66
芬兰诺记	131.32
双钱轮胎	100.19
三角轮胎	92.2
贵州轮胎	84.39
浦林成山	81.52
森麒麟	62.92
风神轮胎	49.88
通用股份	41.2
双星轮胎	39.1

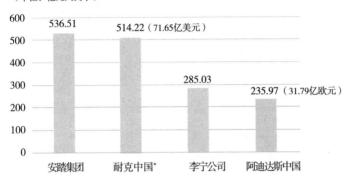

2022年中国运动鞋服市场主要企业收入对比

数据来源：根据各企业业绩公告整理　　汇率：外币按各企业报告期末汇率折算
*耐克中国报告期为2021年12月1日—2022年11月30日

陈子菁　应该属于第二类吧，好像前几名相差都不大。

陈少文　这说明什么？说明业内绝大多数企业都共享着一些默认的认知，要么这些认知就是无法突破的真理，要么就是等待颠覆的共识。如果你能把它找到并颠覆它，往往可能就是个巨大的机会。再给你看两张表，一个是房产中介行业对比表，另一个是餐饮连锁行业对比表，你觉得属于哪一类？

2020 年中国房地产经纪行业龙头企业全方位对比[①]

指标	贝壳	我爱我家
房地产经纪业务总交易额（万亿元）	3.5	0.4
二手房业务交易额（万亿元）	1.94	/
新房业务交易额（万亿元）	0.18	/
门店数量（家）	47000	4000
经纪人数量（万人）	49.3	5
房地产经纪业务收入（亿元）	705	88.80
二手房业务收入（亿元）	306	52.41
新房业务收入（亿元）	379	17.18
房地产经纪业务毛利率（%）	23.9	24.03

2021 年中国餐饮连锁企业对比投资价值 TOP5[②]（单位：亿元）

排名	餐饮企业名称	餐饮类型	品牌价值（亿元）
1	海底捞	火锅	1472
2	绝味鸭脖	小吃快餐	376
3	喜茶	饮品	300
4	九毛九、太二酸菜鱼等	正餐	297
5	瑞幸咖啡	饮品	250

---

① 资料来源：前瞻产业研究院整理
② 资料来源：《2021 大眼商机·胡润中国餐饮连锁企业投资价值榜 TOP 50》前瞻产业研究院整理

陈子菁 这个应该属于第一类吧。贝壳和海底捞的数据领先第二名太多了。

陈少文 对,上面表2的数据是餐饮连锁企业的品牌价值。我们还可以看看火锅赛道的数据,2017年度,海底捞大概是3800万元,排第二名的火锅店900万元左右;在中餐赛道,海底捞是3800万元,第二名是西贝1900万元,第三名外婆家是1700万元,海底捞也是他们的两倍。这些数据说明什么呢?说明贝壳和海底捞一定找到了某种不同于传统模式的增长模型,有一种反行业共识的认知模式,否则不可能有如此悬殊的数据表现。所以我学习商业案例,特别喜欢去寻找各个行业的业绩排名,从中找到这种认知型企业,然后顺藤摸瓜,再去搜索关于它们的商业访谈和深度分析,提炼概括出它们的认知模型。这个方法已经会了吧?

陈子菁 会了。那贝壳和海底捞找到的这个反共识是什么呢?

陈少文 就是这个行业商业模式中最最核心的部分,我们把它叫作企业核心增长要素。比如,对于餐饮行业这个传统行业来说,其实商业模式最最核心的部分就是成本结构,如果能在这个方面形成颠覆,再加上资本扩张,当然就会有很好的数据表现。我问你,如果你做餐饮,你最看重的是什么?

陈子菁 应该是位置吧,不然哪有人去吃饭?

陈少文 这就是行业共识。但位置好的地方租金也高啊,最大的一块店面租金成本降不下来啊,能不能颠覆呢?如果能的话,你就找到了颠覆这个行业,可以成为领军企业的核心密码。

陈子菁 不太可能吧,难道去选地段差的地方开店?租金是下来了,但也没有客流了啊。

陈少文 你看,做餐饮的都和你想的一样,但是,在同行都在感叹不可能的时候,往往就是行业共识的魔咒,而这里往往就蕴含着你的机会,认知型选手就具有了独特的优势。记住,当所有消费者都在抱怨的时候,这往往就是好的创业项目,因为有具体而广泛的痛点。当所有同行都认为"怎么可能……"的时候,这往往就是好的增长模型,因为有一个行业共识的魔咒等待打破。

陈子菁 那海底捞是怎么做的呢?

陈少文 这个就要求我们对餐饮行业有一个基本的了解。这个行业,最大的成本有三个部分,一是员工成本,二是食材成本,三是租金成本。很显然,食材成本每家企业都不会有什么本质的差异,主要是员工成本,但这个部分可以压缩吗?你压缩了员工成本,他们要么跳槽,要么把怨气发泄到客户身上,所以肯定不行。唯一能够压缩的就是租金成本,但是你刚才也说了,这部分恰恰也不能压缩,因为地段差的地方客流量也小。但真的如此吗?你如果去研究海底捞的创业之路就会发现,他们很早就发现了这个成本结构的秘密,他们开店的一个基本逻辑就是开在核心商圈的旁边。你看,客流量一点不少,但租金却下降很多。这不就是反行业共识吗?火锅店为什么要选择商圈最好的楼层?为什么不可以开在对面写字楼的地下一层呢?这样一个简单的认知颠覆,使得海底捞的租金成本仅占到总成本的4%,而传统餐饮要占到10%~16%,相差超过8个百分点啊。你再想想看,如果把这省出来的8个百分点的成本补贴到员工福利中去,是不是就可以让海底捞的员工工资比同行业的平均水平高出一大截?然后才会有海底捞有口皆碑的服务态度啊,这是一个从企业核心增长要素的反共识演化出来的一个认知驱动的增长模型。

怎么样？牛吧？

陈子菁 太牛了。我一开始想的是地段差的地方客流量一定少，但完全没有想过，地段差的地方客流量也未必少，大商圈对面的物业就是好的选择啊。一个点子就能产生这么大价值，看来认知真的好重要啊。

陈少文 是的，所有传统行业你都可以用这个思维方式去思考，它的核心增长要素是什么？能不能颠覆它？比如，你觉得律师事务所可不可以没有办公室？

陈子菁 不可以吧……律师事务所最大的成本支出就是办公场所，可是这个怎么减呢？难道可以不用办公室？

陈少文 为什么不可以呢？你记住，在商业创意阶段，不要给自己设限，你只需要找到这个行业的核心增长要素，去尝试反向思考即可，至于是不是能够成立，我以后还会告诉你检验的方法，但这个认知思维一定要训练起来。

陈子菁 嗯，那有没有律师事务所可以不要办公室，把这部分成本省下来呢？

陈少文 当然可以，我有很多次带团去美国游学的经历，知道很多大洋彼岸的创业故事，尤其是律师行业，很多事情我们闻所未闻，有时候连想都不敢想。就比如说律师事务所是不是可以不要办公室，其实在美国已经出现了。我们去拜访的一家律师事务所，他们的管理合伙人是在酒店会议室接待我们的，因为我们无法拜访他们的办公室，只能拜访他们的网站。他们是一家标准的云端律师事务所。你不要以为这个律所很小，所以没有办公室，其实不是，他们有130位合伙人律师，五年内还会增加到500位，而且必须有七年以上知名律师事务所或大型企业公司法务工作经验，门槛特别高。不仅如此，2002年成立的FisherBroyles律所在美国境内已设立17个"办公室"，年内还会增加新的办公室。FisherBroyles还有设立国际办公室的计划。目前美国类似的云端律师事务所有四家。

陈子菁 如果不是您说，我真不敢相信。看来，敢想才是第一步。

陈少文 对，所以我反复和你说，不要在意自己知识的摄入，一定要注意自己认知的提升。这才是未来的核心竞争力。那我们总结下吧。对于创业者而言，一定要找到行业核心增长要素，并尝试去颠覆行业共识，这里往往蕴含着大量的商业机会。至于怎么识别企业核心增长要素，我们以后可以细化和深入讲解。现在先有一个认知框架。

陈子菁　我可不可以问个问题？刚才说的贝壳，它的成功秘诀又是什么呢？

陈少文　你一样可以用刚才的方法思考啊。贝壳找房是什么行业？房产中介行业对吧？中介行业的核心增长要素是什么？中介模式对不对？在中介模式上，有没有全行业默认的共识存在，如果有，能不能颠覆它？贝壳的创始人左晖有一个认知方程式：认知=时间×思考强度×干，他花了很长时间去思考中介行业的本质，后来发现，同行普遍有一个潜在的共识：房产中介行业，就是单次交易服务，其盈利本质就是"吃差价"！中介嘛，吃差价就是这个行业诞生以来最最核心的本质。

陈子菁　难道不吃差价，那还叫中介吗？不吃差价靠什么赚钱啊？

陈少文　你看，普通人直觉反应不可能的事情都是这些商业奇才的机会啊。左晖就偏不信邪,他就是想构建一种长期的交易网络,改变这种盈利模式。所以,链家在2004年就提出,信息透明,不吃差价,只赚中介费。你说这个模式有没有人想过,肯定也有人想过,但为什么没有人去做呢?因为如果不靠差价,只靠中介费,中介费必然会高。就好像如果设计师不赚装修款,设计费就肯定高。但是左晖经过测算,认为只有收2.5%的中介服务费,才能让经纪人的收入达到社会平均收入的1.2倍,才能找到有品质的经纪人,让他长期在行业里工作,最终给消费者提供品质服务。

陈子菁 那如果不赚差价,中介费提高,客户不认同,那也没用啊。

陈少文 你说的是个很好的问题。你说的没错,2004年刚开始改革这种盈利模式的时候,因为市场不认同,链家大批经纪人离职。这个问题怎么解决,我们以后再说。今天我们只需要解决一个问题——商业假设,就是能不能找到关于核心增长要素的行业共识并在思维层面颠覆它。这个方法应该已经掌握了吧?如果还没有,推荐你继续阅读一本书:李善友的《颠覆式创新:移动互联网时代的生存法则》。

陈子菁 掌握了，不过我对下节课更好奇。

陈少文 别急啊。认知型创业是一个体系，我们稳扎稳打慢慢来。刚才和你说的是整个宏观模式的认知模式，如果经过测算，我们无法颠覆行业共识，这也确实不是每次都能颠覆掉的。那还会有认知型创业的机会吗？还是有的，而且更广阔，这部分我觉得可行性更大，适用于更普通的创业者，大家都能学，都能用。所以是我们今天这节课的重点，叫逆结构要素。

陈子菁 这又是什么意思？

陈少文 刚才说的是行业核心增长要素，但颠覆这个核心是可遇不可求的事情，大多数的认知型创业还是针对其他的结构要素，这个难度就降低了不少。这个颠覆模式需要我们能够有一个结构化思维，能够洞察到一个行业的所有结构性要素，然后根据自身资源和行业环境选择颠覆的要素，也可以实现弯道超车。你知道"学而思"吗？

陈子菁 当然知道，您不是经常送我去上课吗？

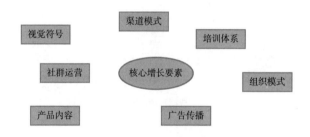

陈少文 是啊，学而思背后是好未来公司，不考虑最近的政策影响，你知道它为什么可以短短时间里在众多教育培训行业里面异军突起，成为和新东方一样的龙头企业，而且营收表现甚至逐渐压过新东方？比如，从收入差距的净值上来看，新东方在 2018 财年净收入仍超过好未来 7.3 亿美元，2019 财年是 5.4 亿美元、2020 财年是 3.1 亿美元，差距在逐渐缩小，而到了 2020 财年，尽管新东方当年净收入相比 2019 财年仍然有 15.5% 的较快增长，但相比好未来 27.7% 的收入增

速,还是要逊色不少。截至2020年5月31日的当季度,无论在收入规模和收入增速上,好未来都实现了对新东方的反超。如果不是后来国家对这个行业进行管制,现在很难说谁才是这个行业的老大了。

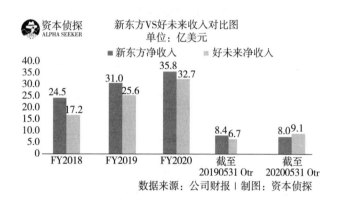

数据来源:公司财报 | 制图:资本侦探

陈子菁 好未来是怎么做到的呢?和今天的内容有关吗?

陈少文 当然有关。你想想看,有些行业其实是趋于保守的,比如教育、法律、银行。这些行业相当于社会的刹车片,过于强调创新会给社会带来很多不稳定因素,所以银行高管的收入结构中,就不能有大量和创新挂钩的激励,这一点在英国银行业中表现得最为明显。越是这样趋于保守的行业,要想颠覆整个行业的核心增长要素和反行业共识就会越难。所以，往往可以选择其中一两个局部的结构性要素进行颠覆，而学而思这个品牌恰好就是做到了这一点，实现了整个品牌战略的成功。

陈子菁　快说说到底它颠覆了新东方的什么？

陈少文　教育培训的核心产品当然是课程，核心资源当然是老师。学而思选择在默认教育培训行业核心增长要素——卖课这一点不可改变的前提下，选择了产品内容这个非核心结构要素进行局部颠覆。你看，同样是卖课，新东方卖的是英语；学而思卖的是数学；新东方卖给大学生，学而思卖给小学生；新东方主要靠暑期，学而思主要靠周末；新东方主要是大班，学而思主要是小班；新东方主要卖给大学生本人，学而思主要卖给家长。你看，围绕课程这个产品本身，所有的结构性要素都可以被局部颠覆，既没有改变行业已经被验证的核心增长逻辑，又因为处在一个足够大的赛道，完全有空间去选择不同的产品定位，所以自然就能取得巨大的商业成功。

陈子菁　您这一说还真是啊。那如果国家不管制这个行业，按照这个思路，还可以创造出第三家成功的企业——培训语文!

陈少文 对啊!其实"少年得到"张泉灵老师的语文课就是这个思路。尽管他们不一定有明确的方法论指导,但直觉是吻合商业规律的。剩下的就是团队如何去论证它的商业模式和跑通财务模型的问题,这个我们下节课再说。你看,这就是在对标行业龙头企业后,通过选择非核心的结构要素加以颠覆并取得成功的例子。我们还可以继续举例啊,比如真功夫……

陈子菁 等等,这个我知道,我先说。真功夫选择的行业对标企业是肯德基。

陈少文 没错,洋快餐,连续多年排名中国餐饮第一,而且经营数据直接甩中国餐饮品牌好几条街。

陈子菁 快餐业的核心增长要素是什么?

陈少文 快啊!翻译过来就是翻台率,就是一张桌子能接待几拨客人。因为快餐不可能很贵,所以客单价不可能很高,营业收入全靠翻台率。但是翻台率再高,也就是4和5

的差别，不会很夸张。还有一点，翻台率是堂食的核心增长要素，快餐的核心增长要素还有一部分是外卖。所以快餐的制作速度很重要，这一点，在出现预制菜之前，中餐几乎无法颠覆已经很快的洋快餐了。

陈子菁 那还有什么可以颠覆？我想想。对了，肯德基有个老头像，真功夫有个李小龙。

陈少文 可是他们自己不承认这是李小龙。Anyway，这只是个现象。你要升维，这个叫外观设计的颠覆，从创始人的品牌形象到产品形象的颠覆。一个强调的是品牌的时间价值，可信赖；另一个强调的是品牌的内涵价值，有健康。还有吗？

陈子菁 "营养还是蒸的好！"西餐是油炸的，不健康！

陈少文 对，这是烹饪方式的颠覆！所以你在真功夫里是看不到油炸食品的。当初在做品牌战略的时候，策划公司强烈要求真功夫下线最赚钱的炸鸡腿产品，当时很多股东还很心疼，看不到清晰的品牌形象对公司未来的长远价值。它要想在洋快餐的合围中杀出一条血路，就必须突出"蒸"对"炸"的颠覆印象，由此突出健康的概念！这是最最核心的要素颠覆。所以，如果你要进军餐饮，不妨去想象下，你对标的品牌是谁，它有哪些结构性要素，你可以颠覆哪些？比如，刚开始创业的人，完全可以对标同一条街上生意最好的那家店，选择要素进行颠覆以快速形成自己的品牌定位。其实，真功夫是著名品牌策划人叶茂中的成功案例，具体的策划经过你可以去看他写的《冲突》这本书。

陈子菁 好有意思啊，再讲几个吧。

陈少文 有多少结构要素，就有多少种颠覆的形式。我们可以无穷无尽地列举下去:产品设计、视觉符号、组织模式、渠道模式、社群运营、广告策略、培训体系,等等。假设我们没有条件去颠覆企业核心增长要素,也没有野心成为行业领袖,就可以选择要素进行局部颠覆。比如,韩都衣舍从开始就去思考传统的公司都是一种什么样的组织模式,一般都是公司加雇员,具体到传统服装公司,一般都会设总经理、经营总监、行政总监、项目总监、企划总监、设计总监等,结构又稳定,分工又明确,而且一般公司也不会去反思这个行业共识,最多在渠道模式上去思考怎么创新。但是韩都衣舍就另辟蹊径,从组织形态上进行非核心颠覆,把公司加雇员转变为平台加个人,推行以产品小组为核心的组织形态。因为企业实现了去中心化,所有的雇员都可以成为老板,所以韩都衣舍一改以往组织模式下只能代理一个品牌的局限,所有的产品小组均可代理不同的品牌,所以居然同时做了几百个品牌。依靠这个小小的局部颠覆,仅仅七年时间,它的销售额就从130万元到15亿元,产品售罄率达到98%。

陈子菁　感觉这个组织形态其实是和核心增长要素相关的。

陈少文　对，如果你能在结构要素中有幸选到了一个改变相对容易但又能直接牵动核心增长要素的抓手，那创业成功就指日可待了。这个模式的核心就是改变了过去传统企业组织模式下金字塔控制型管理模式决策速度慢的弊端，可以每3～10个人组成一个小组，里面包含美工、销售、客服、选款师、仓管，你们一起开一个小网店。公司初期会给你这个网店10万元的支持。他们拿着这10万元，可以从这200家品牌服装仓库中挑选衣服，选好衣服后，就把这些衣服放到网上来卖，可以搞促销，搞活动，衣服的定价都由小组内部决定。

陈子菁　爸爸，您上次让我看的一个有关格力的商业案例，我想让您帮我分析分析，是不是也可以看成这里的局部颠覆。

陈少文　你说说看。

陈子菁　当时很多空调品牌都推行一种售后承诺，你家承诺三年质保，他家就承诺四年，你家承诺四年，他家就承诺五年，但是董明珠坚持认为，没有售后服务的服务，才是最好的服务，不愿意跟风做这样的承诺。她就说格力终身没有售后服务。这是不是我们这里讲的颠覆？

陈少文　当然是。不过仅仅有这个观念还不够，市场是不买账的，他们会认为这只是一种说法而已。空调不坏是不可能的，因为强调一种理念就让消费者买单，是不现实的。所以董明珠最厉害的地方不是有这个颠覆的观念，而是她居然用一种制度把这个观念植入消费者心智中去。她推出了十年免费保修。

陈子菁　有的企业也承诺了六年免费啊。有很大区别吗？

陈少文　但为什么业内没有一家敢承诺十年呢？因为背后是巨大的技术的支撑，如果在技术达不到的情况下，承诺十年免费保修，在财务上是支撑不住的。所以，董明珠实际上用这个口号告诉消费者，我们的空调是不用修的，质量很好，我们也不会亏钱。其实真正颠覆的是这个承诺。它颠覆的是什么？是空调质量确实很好的信息传递方式！以前的业内做法是通过广告传递产品质量好的信息，比如，"新飞广告做得好，不如新飞冰箱好"，但是现在董明珠在广告传播策略上反其道而为之，通过承诺售后服务的方式反向植入一个认知，通过售后服务承诺让消费者自动联想到产品质量，这是不是传播策略的颠覆呢？这是从消费者被动灌输信息到消费者主动解读信息的策略转变。这个做法很高级，瞬间击穿了市场，树立了格力不可撼动的品牌形象。所以，真正颠覆的是传播策略！你经常看广告，完全可以想想怎么颠覆传统的广告策略。比如，一般广告商都会要求视频网站必须设置不能跳转的功能，观众必须看完广告才能观看视频内容，但是你完全可以反其道而行之，允许非会员跳转，为什么？因为那些在可以跳转的时候仍然选择耐心看完广告的观众，正说明对广告的产品有需求，而通过这种方式被平台从人群中筛选了出来，将来可以对其做精准投放。

陈子菁 这个真没想到，太厉害了。我还以为只有会员才能不看广告，这背后的逻辑是赚取广告商的广告费，但非会员也可以不看广告，赚取的却是平台筛选广告受众的费用。传播策略不一定要靠传播，广告策略不一定要看广告。

陈少文 哈哈，总结得不错嘛。我给你出个题，考考你，看看今天你掌握得如何，怎么样？

陈子菁 好。

陈少文 假设你现在发现健身是个潮流,想和朋友合资开个健身房,你怎么用今天这节课的内容,去找到可以反共识的颠覆点?

陈子菁 那就先看健身房这个行业的核心增长要素,就是会员和卖课吧。但是,这两个要想颠覆好像不大可能,那就继续找局部结构要素……我可以把健身房装修得最不像健身房的样子,视觉符号上就给人一种颠覆和冲击。

陈少文 但是这个颠覆并不会拉动销售业绩。这可能是一个边缘性的长期品牌战略。

陈子菁 那就在产品课程上涉及一些户外的集体锻炼项目。

陈少文 继续想。

陈子菁 安排一些冥想室,提供高端会员的 24 小时服务,让他们可以在运动之后,在健身房的房间里利用凌晨的非营业时段进行深度睡眠体验。

陈少文 嗯,都不错。点子还挺多的。不过我有个不一样的想法。有很多想法好倒是都很好,但因为观念太新,所以可以作为高端会员的超值服务,作为流量产品还需要去教育市场,这个过程太缓慢,也不会拉动销售业绩。健身房客户群最大的痛点或者槽点是什么?影响他们充值会员的最大障碍是什么?是很多健身房会卷款跑路!这是会员费上不来的核心原因。所以,为什么不能考虑下,如何解决客户这个担心呢?

陈子菁 难道承诺不会跑路?

陈少文 哈哈哈。鬼信!你忘了刚才董明珠的案例了?直接传递信息是不可能取得市场信任的,信息要通过一种间接的方式被传递。你完全可以在营销模式这个和核心增长要素密切相关的结构要素上做局部颠覆,做一家不需要办年卡的健身房!

陈子菁 啊?那不亏死了?全靠卖课吗?

陈少文 你先别管这个。我问你,如果市面上或者你家社区附近出现了一家不需要办年卡的健身房,你会不会去那里上课?

陈子菁 应该会吧。在其他健身房锻炼的时候,教练和工作人员反复劝你办卡,很烦。而且不让我办年卡,我也不用担心它跑路,只要需要,肯定会去这一家。

陈少文 所以,你看,营销和广告的问题就解决了,它绝对引爆了这个行业最大的消费者痛点。那么接下来的问题是,这样不就亏死了吗?它靠什么赚钱呢?单纯一个颠覆的想法,能够真正成为可以操作的商业模式,还有什么环节需要考虑?我们下节课再聊反共识之后的财务模型。

陈子菁 好,下节课就开始谈钱了。哈哈。

对话 03 财务模型
最小化产品与盈亏点平衡

不赚钱的
能叫商业吗
？

陈子菁 爸爸,快点讲吧,我都有些迫不及待了,健身房不办年卡,怎么挣钱?

陈少文 好,马上开始。经常去健身房的人都会发现一个现象,就是自己很喜欢的私教往往待不了多久,流动性很大,这是为什么?其实就是因为私教基本不是健身房的赚钱产品,健身房盈利主要是靠办年卡,所以不管是前台还是教练,都会不断给你推销年卡然后提成。健身房的复购率很低,所以,一旦把周围潜在客户开发完,健身房基本就没有什么收入了,这就是为什么健身房在开业一段时间后经常卷款跑路的原因。那这种过度依靠年卡的商业模式能否被颠覆呢?如果想创办一家不办年卡的健身房,能够赚到钱吗?一家成立于2014年的名叫超级猩猩的健身品牌成功跑通了这个模式,他们7年时间就在北京、上海、南京、武汉等8个一线和超一线城市开设了123家直营门店,付费用户超过40万名,E轮融资估值逼近10亿美元。

陈子菁 健身房的盈利来源只有年卡和卖课两类,这两个核心增长要素不会改变。如果不靠年卡,那就只能依靠卖课,但是卖课能卖到估值10亿?

陈少文 这就是财务模型能不能跑通并且大规模复制的问

题了。可不要小瞧课程，其实年卡办下来大概两三千元。如果能够把课程价格提升上去，每次课在69～150元之间，只要一个月消费三四次，一年下来也有2000元到5000元不等，其实和办卡在财务上表现是差不多的。但是，一般办卡都是因为冲动，事实上坚持下来的很少，如果一年只会去一两次，复购率肯定很差。如果依靠高质量团课吸引大家多次复购，体验和口碑都会更好。

陈子菁 那健身房有没有传统行业的成本结构问题呢？

陈少文 问得好。最重要的成本支出其实还是门店，健身房比较特殊，还多了一个器械。所以如果能在财务模型上降低门店成本，同时减少重器械，成本就能很好地控制下来。一般传统健身房面积都很大，不到一千平方米都不好意思开张，但超级猩猩一般就是两三百平方米，而且没有前台、洗浴间，只有一个休息室、团操教室、几间更衣室和少量储物柜，教室里只提供杠铃、小型瑜伽垫、踏板和战绳等轻便设备，跑步机之类的大型设备既占地方，又重资产，回报周期又长，因此根本没有添置。这样一来，成本就下来了，利润空间就出来了。

陈子菁 这样说，其实也不难想到啊，可是刚开始的时候，估计没有人敢想吧。一个健身房怎么可能连跑步机都没有呢？

陈少文 对,所以认知囚笼的可怕之处就在这里,但是为什么不可以呢?比如,为什么我们就不能办一家没有办公室的律所呢?为什么就不能办一家只卖一本书的书店呢?甚至,为什么我们的健身房一定要有门店呢?为什么不能发展一个专门做户外,没有门店的健身品牌呢?你看下面这张图,这是对消费者的一个调查,显示出人们对健身房最不满意的因素是健身器械简陋,但是事实上,正是健身器械简陋的超级猩猩赢得了资本的青睐,得到了这个行业最大的估值和融资。所以,很多商业牛人是不太重视数据的,因为每种数据的收集其实都隐含着一些问卷设计者的前设,而这个前设很可能是错误的。

数据来源:iiMedia Research(艾媒咨询)

陈子菁 先等等，爸爸。刚才您说成本降了，收入主要靠卖课，但前提是他们每个月都要来三四次才能保证这个收入，如果课程不好，复购率不高怎么办？这个模式不就失败了吗？

陈少文 对啊，所以他们运营的重点就是团课的质量，走内涵发展的道路，而不是比拼硬件器械和装修。比如，超级猩猩的会员留存率超过 50%，而传统健身房的平均会员留存率仅 17.33%。为什么能做到？因为他们目前一半的团操课来自购买新西兰的 Les Mills 莱美版权课程，另一半是靠自主研发。超级猩猩拥有 1000 名专业教练，教练的收入和团课的销售情况挂钩，如果课程受欢迎，就会给予更多曝光度和推广资源，反之，就会被停掉，这样就形成了良性循环。加上投资者对健身房赛道增长的信心，人们会越来越重视健身，2021 年我国在线健身市场规模达 3697 亿元，同比增长 17.5%。当时预计 2022 年我国在线健身市场规模将超 4000 亿元，但是却缺少一个全国的连锁品牌，在这个宏观趋势下，估值 10 亿元也就是顺理成章的事情了。所以，对于这样的创业项目而言，真正的价值在于模式的可复制性，是全国市场的潜力，所以第一家门店就是他们的 MVP。

陈子菁 什么是MVP？

陈少文 就是最小化可行性产品，只有先把第一家门店的财务模型跑通，拿到销售数据，找到包含合理利润的盈亏平衡点，才能拿着这个去吸引投资，迅速扩大规模，从而证明自己的商业价值。我问你一个问题，你觉得创业中，究竟是打破认知局限、作出颠覆创新更难，还是设计最小化可行性产品、跑通财务模型更难？

陈子菁 当然是跑通财务模型更难。不过我有个问题，如果超级猩猩跑通了财务模型，但是他们不想扩张，就想做一个小而美的门店，可不可以呢？这是不是成功的商业模式呢？

陈少文 商业模式和销售收入没有关系，而是和盈亏平衡有关系。我认为，只要对传统的模式进行认知颠覆，并且跑通了包含合理利润的财务模型，达到盈亏点平衡，就是成功的商业模式。至于是否愿意复制扩张，这是商业规模的问题，是规模想象的问题，它和商业模式本身并没有直接的关系。所以，我认为成功的创业家和成功的企业家有一个很大的不同，就在于后面这个规模想象。成功的创业家，只需要摸索出一套成功的商业模式即可。但如果还要成为一个优秀的企业家,就需要把这个商业模式进行规模上的放大,以实现市场份额、吸纳就业等各种愿景使命。

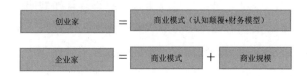

陈子菁　就是说,如果一个人不想扩张门店,也不算不求上进,对吧?

陈少文　那当然,这是每个人的梦想愿景不同,去创业,千万不要把规模作为唯一和必须的目的,这样就失去了创业的乐趣了。我觉得创业最大的乐趣就在于通过亲身体验在财务数据上跑通认知模型的体感和心流,也就是一个想法最终能被证明在财务上走得通。可以扩张而不扩张,也是成功的创业。比如,你觉得扩张并非你的本性,完全可以通过融资变现,将公司交给别人去运营管理,你仍然可以继续选择下一个创业项目,不断体验创造商业模式的快感。事实上,有很多创业家就很满足于这个过程。

陈子菁　那能不能再讲讲最小化可行性产品这个词?我

好像懂了,又好像没懂。

陈少文 就是既能够体现你的颠覆性创业认知,又能够检验盈亏平衡财务模型的最小单位的产品。比如,如果你是教育培训行业,最小化产品就是一门课;如果你是制造业,最小化产品就是一款产品;而如果你是连锁零售,最小化产品就是一个门店。

陈子菁 那上节课说的韩都衣舍呢?他们是卖衣服的,最小化产品是不是他们的一款衣服?

陈少文 不是,不是,哈哈哈,幸亏你问了这个问题。韩都衣舍不是制衣公司,而是销售公司,所以他们的最小化产品肯定不是衣服这件商品,而且衣服也不能体现他们的颠覆性认知啊。他们是一家通过改变组织模式销售成衣的公司,所以最小化产品一定能体现这个颠覆性认知,那当然就是他们的每个销售小组。

陈子菁 我还以为最小化产品必须得是"产品"。

陈少文 哈哈,所以说幸亏你问了这个问题。这里不能望文生义，这个产品必须能承载颠覆性认知，同时可以作为核算单位。比如产品、门店、组织都可以作为核算单位，对财务数据进行评价和分析。韩都衣舍的创始人很厉害，他是把稻盛和夫的阿米巴经营模式在中国落地的真正成功案例。

陈子菁 什么是阿米巴？

陈少文 在生物学上，阿米巴是指一种单细胞的变形虫。这种单细胞生物是最小单位的生命体。联系到企业，阿米巴模式就是把公司打散，拆分成一个一个独立财务核算的经营单位的经营模式。这样就可以让员工都成为第二老板，以经营事业的心态来工作。我们来看韩都衣舍是怎么落地阿米巴模式的。他们改变了早期的垂直管理的模式，将公司分为70个小组，给了每个小组很高的自治权，包括款式选择、定价、生产量、促销,全部都由小组自行决定,小组提成则根据毛利率和资金周转率来计算,这样一来,毛利和库存自然就成为每个小组最关心的两个指标。每个小组一开始从组织得到的资金是一样的,资金额度由小组自由支配,假设大家刚开始拿到的都是5万元,如果都拿去下订单,万一卖不出去就只能去清理库存,否则就永远没有资金,最后走向破产重组。这样一来,每个小组就会根据市场情况自行决定如何选择单品,如何定价。为了形成良性循环,每个小组的资金额度又和上个月的销售数额挂钩,韩都衣舍给这个额度设定的标准是上个月销售额的70%,至于为什么设置为70%,这就是财务模型了,也是实践中最需要摸索的地方。比如上个月你卖了500万元,那这个月小组就可以用350万再去下新的订单。正是因为这个最小化组织的财务模型跑通了,所以,从2012年到2013年,韩都衣舍又进化了200多个小组,实现了大规模的复制和扩张,每年有近两万款衣服在售。

陈子菁 做最小化产品的财务模型时有没有失败的案例呢?

陈少文 当然,很多。有一本书你可以看看。中欧国际工商学院创业学教授龚焱老师的《精益创业方法论:新创企业的成长模式》。他在书里举了一个例子,来证明火箭发射式的创业思维是如何不再适应现在这个商业环境的。Webvan是美国一家于1996年成立、专门做生鲜果蔬类细分市场的生鲜杂货电商,在成立之初,互联网才刚刚兴起,可以说它的商业模式和商业理念都非常先进,线上交易,线下运输,也有自己的仓储和分销系统。为了挑战传统的线下生鲜杂货对手,1999年,它在和第一个用户接触之前,就斥资4000万美元在旧金山地区建造了一个仓库,为全市区半径60英里范围的居民服务。其中仓库系统的软件开发成本高达1600万美元,仅仓库电线铺设就花费了500万美元。

陈子菁 这个时候它还没有挣到钱吧?好有魄力啊。

陈少文 问题就出在这里。如果没有一个清晰的标准,我们很难区分在创业早期的一些决策究竟是魄力还是蛮干。首先必须承认,能够在20世纪90年代就产生现在非常时髦的O2O在线生鲜配送模式,这绝对是有别于传统的依靠体力和勤奋的生鲜贩卖的生意模式,可以说是基于对互联网趋势的认知型创业。这种创业建立在认知差而非体力差或信息差的基础之上。而且你要知道,在1996年就能切入这个业态,是非常超前的。如果能够找到好的商业模式,完成超饱和的攻击和护城河的建立,其领先优势就不可撼动,但这只是第一步。认知型创业还有两种类型,其中一种是全认知模型,也就是火箭发射式的传统创业思维。这里要特别注意,尽管Webvan这个项目找到了一个全新的趋势,但却没有真正把握互联网思维的核心,它仍然坚持了产品概念、产品研发、产品测试和投放市场这套传统的逻辑链条。也就是说,直到最后一刻才和用户接触,之前对市场的反应是完全隔绝的。这是一种以自我为中心的创业思维,因为一直不了解市场反馈,所以就要做到把全部细节都设想清楚才敢按下最后发射按钮。结果要么是发射成功,要么是发射失败,没有第三种可能。显然,Webvan抓对了趋势,却用错了思维,在它建立了26个仓库的时候,仍然没有全面面向市场。但如果选择最小化认知模型,情况可能就会不同。比如,在它建立第一个仓库的时候,不用一开始就耗资巨大的投入这么多成本,而应该开发一个最小化可行性产品,来测试用户和市场的反应。在第一个研发环节就引入客户反馈,不断进行产品调试升级。在第一个仓库达到盈亏平衡点的时候,根据销售数据估算规模效应,由此推算融资规模等,再扩展到全美各地,可能结果就会很不一样。

陈子菁 过于自信了?

陈少文 注意,在还没有清晰的财务模型,而且在现实中也没有达到盈亏平衡点,始终没有实现初期预设的订单和用户数的时候,Webvan 就开始在全美复制 26 个大型仓库,1999 年到 2001 年短短两年间,就烧掉了 12 亿美元。每接一个订单就亏损 130 美元,最终以破产告终。所以,创业过程中,如果我们经过了第一个象限的检验,确实存在可以成立的认知逻辑,就要带入第二象限进行检验,也就是跑通财务模型。可惜的是,Webvan 恰恰没有经过这个环节的检验。财务模型的意思是,一个商业项目是否可以成立,要看商业模式的设计是否能够达到自己所设想的规模。比如,既然有风投进入,肯定希望能够达到一定的回报率,这是在宏观规模上的财务模型,还有一个微观的财务模型,就是最小化可行性产品是否可以达到盈亏平衡。但 Webvan 连第一个仓库的盈亏点都没有找到，就盲目扩张到全美，所以后来也就不可避免地走向破产的悲剧。

陈子菁 就是说，他们在创业初期，过于迷信自己在逻辑上的结论，而没有通过最小化产品去验证这个模型，在没有证实财务逻辑的前提下，这就是盲目扩张。如果反过来，就是眼光和魄力，对吧？

陈少文 对。正如黑马基金合伙人胡翔所说，很多老板都是做生意起步的，但做生意和做企业不是一回事，赚钱模式和商业模式也不是一回事。比如一家以做会务预定为主营业务的创业项目会易佳，就因为在整个商业模式的核心——企业客户的需求是否可以市场化、批量化和常态化——没有得到有效证明之前就盲目扩张，规模增长的逻辑并不成立，资金链的断裂最终给了会易佳致命一击。创业时期要通过最小化可行性产品去跑通盈亏平衡点，最小化认知模型对应最小化财务模型，这才能构成商业模式。否则的话，就不是一个成立的商业模式，更不要说成功的商业模式了。这个概念非常重要。商业模式跑通了才是商业，如果总是处在盈亏平衡点以下，就是公益了。我们总是说一个人创业很有情怀，其实暗含的意思就是他没有跑通最小化财务模型，一直在亏钱但一直在坚持。如果开一家一直不盈利的书店，这不是商业，而是文化事业。

陈子菁 我经常看到有一些培训机构到学校里做公益讲座。

陈少文 其实所谓公益讲座就是一场失败的商业讲座，既然做的是商业，挣钱是天经地义的目的。不要把挣不到钱的商业活动美其名曰为公益活动，不要以公益的心态做商业，也不要以商业的心态做公益。商业，第一要有认知，否则只是披着商业外衣的农业生产，拼的还是体力；第二要能盈利，否则只是披着公益外衣的失败商业。

对话 04 规模想象
大赛道选择与投资人思维

赚多少
是个够
？

陈少文 我问你个问题,你觉得创业要赚多少钱?

陈子菁 当然是越多越好了。

陈少文 你小时候抓周抓的就是一张百元大钞,我让你重新抓了一次,结果你又抓了一张银行卡。从小就是钱迷。哈哈哈。

陈子菁 那要看您有没有放别的东西。

陈少文 你说得很好。如果钱是唯一的维度,当然是赚得越多越好。但如果创业还有别的目标,营收规模就不是越大越好了。你追求客户利益最大化,还是股东利益最大化?追求关系至上,还是交易至上?是完全不同的。我觉得,正确的创业目标,不应该奔着钱去,财富应该是你创业愿景使命附带的、必然的收获才对。我特别喜欢迪帕克·乔普拉的一句话:"如果你追逐智慧女神,财富女神就会嫉妒并追求你。"所以,我自己不太看重一个企业的规模本身。我认为,创业成功是一个区间。最低限度,你只要结合你的热爱和使命找到了一个最小化可行性产品,能够跑通财务模型,实现盈亏平衡,也是成功的商业。赚得少并不意味着不成功。那种动辄以企业规模评价成功与否的流行标准,我是很不赞同的,这不是一种健康的商业文化。创业目标,完全可以有不同的规模想象。

陈子菁 那用什么来比较创业的结果呢?只有营收这个指标最简单、最直观啊。

陈少文 关键是,为什么要比呢?创业的目标有两个,一个是外在的,另一个是内在的。外在的目标可以表现为财务数据、营收状况、团队规模、市场份额等;内在的目标是通过创业过程体会到的认知提升。比如,通过创业认识到,钱其实不是一种物质,而是一种能量,它只有流动起来,才能创造更大价值;比如,授权就必须容错,一旦授权后发生错误,自己就要和执行者共同承担责任;等等。这些都是非常个人化的人生体验,我想象不出来,除了创业还有哪种途径可以高密度地感知这些心流和体感。还有,创业还可以最大限度地完善我们的人格。比如,因为创业过程中对团队的管理经历让自己不再害怕冲突,改变了自己回避冲突的性格,甚至还会主动制造冲突来创造解决问题的 timing,这种人格一旦养成,还会反过来影响自己的家庭生活,这就是创业不亚于收入的最大收获。相反,如果一个人赚了很多钱,但却越来越多疑，越来越固执，人格是倒退的，我觉得无论他的外在光环有多么的鲜亮，在我看来，都不能算作成功的商人。

陈子菁 那还要不要做大生意呢？

陈少文 当然可以做，我只是说不是必须而已。你要知道，一旦开始创业，不论你做的是价值百亿元的生意，还是只有十万元的生意，其实付出的时间和精力差别是不大的，最多就是风险的不同。也就是说，做难的事情和做容易的事情，在时间和精力成本上没有区别，如果你能时刻关注自己内在的收获，至于做多大的生意并不需要过分纠结。

陈子菁 那我还是做大的吧。

陈少文 可以啊。你记住，规模想象虽然没有对错之分，但不同的规模会反过来决定商业模式正确与否，这个关系很有意思。

陈子菁 什么意思？

陈少文 意思就是，如果你想做十万元的生意，你通过什么样的渠道，做什么样的营销，其实都无所谓，因为这个目标太容易达到了，但是如果你想做10亿元的生意，你选择的渠道和营销方式可能就根本无法实现了。所以，创业之初想清楚自己究竟有什么样的规模想象还是很重要的，它决定了很多后续的模式问题。所以，究竟是否需要改变，是否需要学习，其实归根结底取决于自己的规模想象，而没有一个外在的标准要求你必须怎么样。

陈子菁 如果我就是想做大，该怎么做？

陈少文 那你就必须具有投资人思维。既然想挣大钱，那首先你选择的创业项目就不一定按自己兴趣来了，必须用一套工具去做科学评估。比如，如果你想挣到100亿元，但对法律科技特别感兴趣，希望能创办一家法律科技公司。但是我们来看看，全国律师行业的收入都不如一家上市公司，全国几十万名律师的收入总和加起来也不过一千多亿元，而这里面还包括各种税费和成本。如果你再创办一家法律科技公司服务于律师行业，你想想，合理的市场份额会是多少，再考虑到竞争者分割市场的因素，100亿元的创业目标在这个赛道是根本不可能实现的，甚至10亿元的规模都无法实现，因为几乎要靠竭泽而渔、寅吃卯粮才能达到这个数字，缺乏可持续性。

陈子菁 那怎么判断是否可以进入一个行业呢？

陈少文 很简单，就是用投资人的思维去思考一遍你的创业项目，而不是用商人的思维。因为投资人很多项目是可能失败的，投一百个项目很可能只能存活十个，只有一个赚钱，所以他肯定要选择那些成长性好的公司，比如要有十倍成长空间，才可以对冲其他投资项目的失败风险。所以他们就发展出了一套进行行业洞察和行业分析的方法论和工具，帮助进行投资决策。规模最终要靠组织来实现，可要做组织就必须有巨大的盈利空间，它的薪酬激励能够让组织运转起来。如果赛道成长性不好，收入差距无法拉大，根本无法设计什么销售体系和激励机制，制度设计得再酷炫，最高收入和最低收入也就相差两千多块，怎么可能带好队伍？只有赛道足够大，制度空间才能足够大，然后才能让组织激励产生更大的作用。所以如果以投资的思维看律师行业的时候，很多产品其实是不值得投入精力的。这一点投资人就很清楚，他们是典型的认知型创业。

陈子菁 律师行业是服务商业的，不可能比商业赚得更多，法律科技公司又是服务于律师行业的，不可能比律师行业赚得更多。

陈少文 就是这么简单的逻辑。在行业价值链的末梢，不可能实现你的规模想象。你在价值链环节中的位置就决定了你的天花板，要想赚得更多，就必须改变这个位置，否则再努力也没用，这不是认知型创业。规模想象决定项目选择，决定组织形态，决定营销模式，这些都是被决定的。如果你只想一年赚10万元，那你怎么做都对。但如果你有更大的梦想，实现财富自由，那对不起，你怎么做都是错的，赛道从一开始就选错了。有一次我被邀请参加一个产品思维课程，我发言时就说，在产品思维之前还有一个更重要的内容叫赛道思维——投资人思维。赛道思维必须培养投资人的认知模式。想一下，你是律所外部的投资人会投你的产品吗？不要以内部视角来看一个产品。只有在这个前提下，产品思维才能得到最大程度的放大。

陈子菁 投资人会自己创业吗？

陈少文 不一定是投资人自己创业，而是创业者要有投资人思维。就是你如果是投资人，会不会选择自己的项目。

投资人一旦自己创业，往往都会对行业进行非常科学深入的研究。比如他们会优先选择那些市场很大，但又缺乏头部企业的赛道。在中国，茶叶就是其中一类。中国有这么多人喝茶，却没有一家头部企业。有品类无品牌是这些行业最大的机会。大家只知道西湖龙井、信阳毛尖，但这些都是品类，不是品牌，所以投资人杜国楹选择要做小罐茶，事实证明获得了很大的成功。而且他的投资人思维，做一个产品火一个产品。

陈子菁　能不能举个例子，带我推理一遍呢？

陈少文　那我们就选海底捞吧，这个你最熟悉。毛平老师就详细拆解过如何让海底捞再实现十倍增长。他其实就是投资人出身，有一套分析行业和企业的成熟的方法论。比如，他首先就问了自己一个问题，如果我是投资人，会不会投资海底捞？第一步，看行业情况。中国餐饮业市场规模在4万亿元左右人民币，每年的增长大概是8%～10%，比GDP增长略快，相当于二十倍的网约车和三十四倍的手游市场的规模。所以，赛道足够大。第二步，看头部企业。中餐收入规模前三名的企业分别是海底捞、外婆家和西贝。但是市场份额都很小，最大的海底捞市场份额只有大概0.25%，第二名和第三名只有0.1%。这个数字说明中餐的市场非常散，也说明海底捞并没有一个可以几何级甩开同行的核心增长模型。而如果以国际化的视野来看头部企业,会发现收入第一名的麦当劳,一年是1632亿元的规模,第二名星巴克是1400亿元的规模。

陈子菁 这两步分析说明,餐饮行业是可以做到这么大的,关键看能不能找到创业模型,对吧?

陈少文 对。至少空间是有的,投资人就是要去拆解增长要素,最后反推究竟有没有可能通过模式转变实现这个规模想象。第三步是什么呢?就是我们之前说过的,找到传统业务增长模型,去进行核心要素颠覆,普通的要素颠覆和正常的勤奋努力都无法实现超常规发展。下面这个图就是餐饮行业,也是海底捞适用的核心增长要素。你看,市场空间就来源于两部分,单店收入和门店数量。影响单店收入的要素有坪效和面积两个方面,而坪效取决于客单价和翻台率。

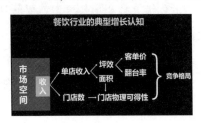

陈子菁 客单价就是平均每个人的消费吧？火锅店很难卖得很贵吧，太贵了谁还会去呢？

陈少文 对，火锅店很难通过客单价提升业绩，海底捞偶然一次抬价还被骂回原形了。它的核心秘密就在于翻台率。别人一般翻台率是3、4就已经很不错了，他们可以做到5。为此，居然服务员优化了擦桌子的流程，可以做到10秒擦一个桌子的程度。但这样带来的增长空间还是会有天花板。所以，在这个公式里，很容易看出来，想做到几何级增长，只有靠门店扩张。

陈子菁 门店扩张怎么去计算可行性呢？

陈少文 你可以去看全国有多少个 shopping mall 海底捞还没有进驻，这是个大致的指标，查到的数据是4000多个，所以理论上是有可行性的。所以，经过简单的推理，海底捞要想实现超常规的发展，核心增长要素就要从翻台率转变为门店扩张。之前学的东西是不是用上了？

陈子菁 对，这属于模式颠覆。现在就是要计算财务逻辑了吧？

陈少文 对的。什么样的财务逻辑呢？就是你要告诉我你的规模想象，比如投资人希望投资后海底捞能有十倍的增长，那就是现有的 100 亿元变成 1000 亿元。很容易算出来，基本上要再开 2500 家店，而我们已经查过了，全国有 4000 个卖场还没有进驻，理论上是有可能的。这个财务模型在哪里呢？毛平老师很厉害，他可以不断拆解这个逻辑，要有 1000 亿元的收入规模，他简化为要开 2500 家门店，现在又把开 2500 家门店的问题转化为需要 8 个亿客人，30 万名服务员和 250 万只羊。

陈子菁 为什么是这三个？250 万只羊又是怎么回事？

陈少文 客人是客流啊，也就是市场规模，服务员是服务系统，也就是供给端，羊背后是供应链啊。这三个要是实现不了，规模想象就是空谈。所以，有了规模想象，很多东西就有了对错标准了，你能不能实现得了？能不能支撑？只有在给定的规模想象的基础上，才谈得上对商业模式和财务模型的评价标准的问题。否则，只要能持续产生利润，你也不知道这个商业模式和财务模型到底对不对，要不要修正。那它很可能是一个赚钱模式，但却不是一个商业模式。

陈子菁 好像前几讲的内容突然通了的感觉。那这几个指标又怎么去评估呢？

陈少文 先别急，我们先把这个推导的过程还原一下，第一步是先判断市场空间，第二步是找到核心优势，第三步是拆解关键要素。毛平的思维过程非常清晰。然后才是第四步，怎么去评估这几个关键要素指标。所以，用投资人的思维，他会非常清晰地以终为始地先估算资本回报和规模想象，然后不断倒推拆解关键支撑要素，从而让整个创业过程的逻辑链条清晰直接。但一般创业者可能只是踩着西瓜皮，走哪算哪，既不知道要做多大，具体依据是什么，也不知道如何实现，具体打法是什么。刚才我们谈到了规模想象在逻辑上是可能实现的，现在需要搞清楚的是海底捞的核心竞争力是什么，然后才是拆解关键要素。你说，海底捞的核心竞争力是什么？

陈子菁 当然是服务啊，不是说如果你去海底捞吃饭，还可以擦鞋子、涂指甲吗？听说还有一个服务超级夸张，如果你正在打游戏，可是需要你腾出手来点菜或者配料汁，会有海底捞的服务员来帮你打游戏，水平还很高。

陈少文 你去吃了几次，看到了吗？反正我是没有看到。

我的感受是，当你怀着对服务的期待去海底捞的话，高配就已经变成标配了，在时间轴上，久而久之，就会失去最开始的吸引力，而且随着门店的扩张，服务品质肯定会边际效应递减。所以，我一直觉得极致服务不应该成为一个企业的标签，哪怕是餐饮企业，这个不是核心竞争力。比如，以体验经济闻名全国的四大神盘阿那亚社区，其实也没有把服务体验作为自己的标签，很多人误以为他们的服务特别好，所以才叫体验经济嘛。其实不是，体验经济包括文化体验和环境体验，这两者是成本最低的，是边际效应不会递减的一次性投入。阿那亚真正的核心竞争力其实是这些文化活动和精神建筑，而不是物业的服务。后者主要面对业主，普通游客是不太感受到的，也没必要。既然服务不能也不应该成为核心竞争力，那海底捞扩张门店的核心竞争力究竟在哪里？毛平有一个很厉害的洞见，他认为服务只是表象，其背后是让5万名员工能够产生服务热情的组织能力，这才是海底捞真正的竞争力，而且这个能力才能真正拆解出第三步的关键业务要素，反过来支撑门店的急速扩张。

陈子菁 什么是组织能力？

陈少文 就是通过制度设计和员工管理增加效益的能力。

你看啊，海底捞因为找到了核心增长要素，就是门店的成本结构，通过选址这一项节省出来的大量成本补贴到员工的福利上，你刚才说的美甲和擦鞋，每服务一个客人 5～10 元，传菜员，每盘 4 毛钱，服务员每一人次就餐奖金 2.9 元，这样的计件工资和福利体系当然可以产生一个服务热情的员工队伍。同样，通过组织设计，门店的扩张也会得到相当程度的刺激。海底捞用的方式是师徒制，只要门店店长带出来一个徒弟可以开分店，他就可以从徒弟的门店利润里分成，如果你能带出五六个分店，年薪就可以轻松百万。但师傅也不能掉队，如果师傅只顾培养徒弟，自己这家店干不好，得不到 A，对不起，所有的分成都没有了，还要和徒弟比赛。这样就既解决了快速扩张的人才问题，又保证了门店的经营质量不至于递减。

陈子菁 哇，太厉害的设计了。

陈少文 所以，真正的核心竞争力是组织能力。下面才是对关键支撑要素的分解。毛平老师说，一个企业增长的支撑要素有很多，但只有会让规模有十倍甚至百倍的变化，才叫作关键支撑要素，海底捞的关键支撑要素其实就是供应链。没有这个，所谓的规模想象就是一纸空谈。所以，1000 亿元的规模想象拆解下来，需要的客流是没有问题的，服务人员原则上也不是核心，最最关键的要素其实是250万只羊的供应链问题。除非能够建立起一套成熟的供应链。

| 市场规模想象 | 核心竞争优势 | 关键支撑要素 |

陈子菁 看来不是所有人都能挣大钱的，要想挣大钱，就必须找到这样一条逻辑链条，提前布局。那如果我不以规模为目的，可不可以有别的创业目的呢？

陈少文 为什么不可以？如果不完全以规模为创业目的，而且其他目的又很明确，同样可以非常轻松地找到自己的创业逻辑。你看过《富豪谷底求翻身》吧？还记得里面的亿万富翁盖伦到小城创业的经历吗？他的目的非常简单，第一，规模想象问题节目组其实已经给他设置好了，在90天的时间里完成一个估值百万美元的创业项目，否则就要自掏100万美元在当地成立这样一家公司。第二，他希望这个节目结束的时候能够真正为当地产业带来一些实际的帮助。如果只考虑第一个目标，他其实会非常困扰，因为有太多的行业和项目可以选择，但因为加上了第二个目标，所以他选择项目的决策速度相当地快。他在有了创业资金以后，第一时间找到了当地的一家商业咨询机构，调取了该地快速发展的若干行业，并在其中经过财务模型的测算迅速选择了最有代表性的啤酒行业进行创业。因为90天时间无法办下酿酒许可证，所以退而求其次，选择了烧烤和啤酒组合的创业模式，然后思考如何在这个赛道可以达到估值百万美元的创业目标。你看，他的决策过程相当地迅速，就是因为他的规模想象小，同时，创业目标又非常清晰，两个决策要素一组合，就很容易作出商业决策。我们很多人创业只为了钱和规模，当然就会考察无数的项目，迟迟下不了决心。

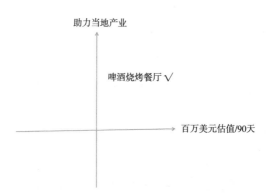

陈子菁 所以，我明白了，要么你想挣大钱，就按投资人的思维推理出整个创业逻辑链条，并逐个实现。要么就在金钱目标之外，再找一个创业的目标，然后再一起综合确定

自己的创业项目和创业逻辑。

陈少文 非常正确,而我希望你能够培养投资人思维,但不必选择超级赛道。也许,找到除了财富之外的另一个创业目标,才更值得期待。

陈子菁 是的。

对话 05 决策工具
试错型基准与次优化选择

我要追求
最佳决策吗
?

陈少文 考你个问题。一家公司员工最近总在抱怨公司电梯年久失修,运行速度太慢,经常导致打卡迟到,现在你是管理层,要怎么解决这个问题?

陈子菁 这还不简单,维修啊。实在不行,就换电梯啊。

陈少文 如果资金充分,我就不会问这个问题了。现在现实情况是,公司拿不出额外的费用来解决这个问题。如果事情都能不计成本的话,所有问题都可以解决,但现实世界不是这样运转的。你必须考虑成本和约束条件。

陈子菁 那还能有什么办法?和员工沟通,做好思想工作?

陈少文 能不能既解决了问题,又没有增加开支,这才是最高水平地解决问题。花钱解决谁不会啊?比如,我党早期组织武装力量,学的是旧军阀部队的雇佣传统,重赏之下必有勇夫,基层军官和士兵大多是靠高于社会的薪饷雇佣而来的。但也带来了一个问题,就是部队没有共同的价值观基础,不知道为谁打仗,为什么打仗,所以遇到艰难的局面,往往就会军心涣散甚至溃不成军。叶挺部队当年名气很大,原因之一就是从不克扣军饷,但靠高额薪饷招募军队毕竟不是长久之计,因为没那么多钱,怎么才能既能保证足够的兵源,又可以不花钱,这是革命成功的关键秘诀。

陈子菁 怪不得老师说,看党史就是学创业呢。那后来怎么解决的呢?

陈少文 从井冈山开始,毛主席就想了一个办法,"打土豪,分田地",动员翻身农民保卫土地革命的胜利果实,就解决了不发薪饷但仍可以招到足够兵源的办法,因为是为了保卫到手的土地,大家很清楚打仗的目的,所以不但可以不要军饷,而且作战起来格外勇敢。这绝对是非常厉害的创业智慧!花钱解决问题不是本事,不花钱还能解决问题才是本事!

陈子菁 确实如此，那电梯的问题该怎么解决呢？让电梯公司免费赠送？

陈少文 当然不是，这个时候领导人的认知水平就决定了问题解决的水平。在资源有限的前提下，往往人们是无法追求最优解的，只能接受在约束条件下的次优方案。而在约束条件下，次优往往就是最优。这一点我希望你要反复体会。很多女孩子就是抱着一定要等到 Mr. Right，宁缺毋滥的心理，才一直单身下去，然后导致越来越难找对象的。创业不要有完美主义思想。很多问题是在发展中解决的。如果这件事你能不动用资源，又能解决问题，就会建立起思维领导力，在公司形成一种权威感，在信任账户里储蓄。长期累积的权威感，就会在关键决策时刻减少很多沟通成本。

陈子菁 到底公司该怎么做啊？

陈少文 哈哈，别急。有一个诀窍特别好用，一旦开会时大家的讨论围绕着二元问题展开，往往意味着问题被定义错了，比如这个场景下，大家是不是在讨论要不要换电梯这个二元问题？如果是，就要赶紧调整方向。领导说了一句话，你看看他的认知水平。他说："是员工感觉电梯慢吧？"你琢磨琢磨这句话。电梯慢是客观问题，而往往直接解决客观问题，需要耗费大量资源，但是有没有可能把它转化为一个主观问题呢？也就是说，只是大家感觉电梯慢？解决主观问题，往往是不需要耗费什么资源的，它就是个心理问题。当资源无限的时候可以直接解决问题本身，当资源有限的时候要解决对方对问题的感受。所以是电梯慢还是感觉电梯慢，解决不同的对象所花的成本是不一样的，解决"慢"就得换，解决"感觉慢"方法就多了。

陈子菁　这个思路从来没想过。

陈少文　再接着想，和公司反应电梯慢的都是哪些人？领导让秘书把这个名单拿来看了一下，他看完以后对电梯慢的舆论得出完全不同的解读。他说："你们发现没有，反应电梯慢的绝大多数都是女员工？为什么是女员工？因为她们进了电梯以后没什么事干，所以感觉慢。"

陈子菁　我知道了，让她们进电梯照镜子！

陈少文　太聪明了！对，安了镜子以后，每个女员工进去以后就会关注自己的形象，捋捋头发，再看看嘴唇，哎哟怎么这么快就到了，解决这个问题一共花了300块钱，而换电梯可能要10万元。你看，在你有约束条件的时候，去解决他的心灵感受，在你没有约束条件的时候去解决根本问题。这难道不是重新定义问题的思维方式吗？生活中很多问题貌似难以解决，只是你没有认知去重新定义问题而已。像毛主席的群众动员，还有这个安装镜子的故事，都是对创业认知决定管理水平最好的说明。错误主义问题是创业中常见的第一个决策误区。

陈子菁 我觉得这个可以搞一系列的案例做专门训练，真的非常有用。

陈少文 那我们就再练一个，这是网上比较流行的一个案例。某公司的流水线上，因为自动装载、自动包装，最后出厂后，经常有客户投诉拿到了空盒子，里面没有产品。怎么解决？当然也会有很多种方案。比如，有博士就设计了一套非常复杂的自动判断装置，总预算20万元。

陈子菁 这肯定不合适啊，公司再有钱，也不能在这个问题上投入这么多无谓资金。

陈少文 是啊，这就是专家眼里的最优解，往往并不是管理者心中的最优解。真正的最优必须考虑综合成本,把有限资源花在刀刃上。结果是怎么解决的呢?就在旁边安一个大功率的电扇,对着流水线吹,空盒子因为里面没装东西,肯定不禁吹啊,一吹就区分开了,你看这种方案哪里需要花20万元?几百块钱就够了。我再考考你。法国有一家报纸曾经登过一个问答,如果卢浮宫着火,你会最先抢救哪幅画?

陈子菁 好像《奇葩说》的辩题啊,不过他们改成了美术馆着火,是救画还是救猫?

陈少文 我们今天回答最原始的版本,你救哪幅画?

陈子菁 肯定是救《蒙娜丽莎》啊。

陈少文 事实上,99%以上的法国民众也是这个答案。但实际上这个答案并不对。因为你在回答这个问题的时候,你有没有想过,其实你并不知道卢浮宫里还有哪些画值得抢救?对不对?

陈子菁 对哦。我好像只知道有这幅。当然只能抢救它了。

陈少文 但事实上，卢浮宫还有很多艺术史上的珍品，比如浪漫主义画家德拉克洛瓦的《自由引导人民》以及席里柯的《梅杜萨之筏》，当然其他艺术珍品还有很多。所以，这说明了什么？说明我们自以为最优的决策，其实往往受制于我们自身知识和经验的局限，很可能并非最优解。所以，首先要保证我们有足够的选项，然后利用正确的决策思维，才能作出约束条件下的最优决策。这是我们决策时常见的第二个决策误区。

陈子菁 我上网搜了一下，发现这两幅画都很大，着火的时候，一个人根本扛不动。所以，正确答案还是蒙娜丽莎，它大小正合适。

陈少文 那你刚才并不知道啊，这只是一种事后合理化，只是一种偶然的正确，但却并没有形成一个正确的决策模型，无法保证以后你都会作出正确的决策啊。但是如果你提前知道有哪几幅值得抢救，然后再根据便携的维度淘汰掉其他选项，这才能说是一个科学决策模型。所以，这还是经验型和认知型的差异。

陈子菁 那倒也是，好吧，我不辩解了。那正确答案是不是《蒙娜丽莎》呢?

陈少文 其实没有所谓正确答案,因为每个人在着火的情境下所有的约束条件是不相同的,所以对每个人而言,它的最佳决策可能都不一样,但却可能共享着同一种决策模型。我要强调的是这个。我问你下,你即便知道有哪些画作,可能还会选择《蒙娜丽莎》,对吧?你有没有想过背后的潜意识?

陈子菁 因为这幅画最有名,其他画很多人不知道,即便我知道,也不可能有更高的商业价值。如果《蒙娜丽莎》被抢救出来,价格肯定会暴涨。

陈少文 对,这就是人们决策时的潜意识,也恰恰是第三个决策误区,就是我们决策时所衡量的价值往往是过去轴的。也就是说,在艺术史上,在过往的经验领域,《蒙娜丽莎》知名度最高,商业价值最大,但你有没有想过,如果这场大火烧掉了所有原件,那是不是唯一得以幸存的任何一幅画作,都可能身价暴涨呢?

陈子菁 啊,这个还真的没想过呢。的确是哦!

陈少文 这就是一种展现的认知决策模型，是站在未来轴去重新思考商业价值。所以，正确答案不是具体要救哪幅画，而是你基于什么决策模型去救画。具体选择哪幅是没有标准答案的，它要取决于火势大小，你有没有同伴帮忙，你处在火灾和出口的什么相对位置，逃生是否方便，以及你的力气大小、有无工具。

陈子菁 所以答案是救了以后最容易逃生的那副，尺幅小且离出口近，有哪幅就拿哪幅？要考虑决策成本和风险？

陈少文 完全正确。在这个决策过程中，只有决策模型是稳定的，决策答案是不确定的，也就是说，不存在最优解，只存在约束条件下基于决策模型的次优解，而这个次优解其实就是当时的最优解。

陈子菁 终于明白次优就是最优的意思了。

陈少文 所以当大家不约而同地都说出《蒙娜丽莎》的时候，其实暴露了大家没有决策模型的思维短板。太执着于具体答案，而不重视认知过程。所以创业过程中也一样，不要总是纠结具体该怎么做，而是要把关注点放在解决问题的思维推导过程上。比如，你有没有重新定义问题，有没有列出约束条件，有没有穷尽所有选项，有没有权衡损益关系。继续思考，其实还有第四个决策误区。

陈子菁 还有？

陈少文 你所说的《蒙娜丽莎》，是一个固定的答案，并没有加上动态要素。换句话说，我完全可以最快速度拿一个画作在手上，然后迅速评估火势危险和剩余安全时间，逃生路线和其他替代选项，路上是可以对抢救的画作进行调整的，可以换！最开始拿到的那个只是保底，作为一个决策基准，但凡很吃力影响逃生速度，就可以路上换个更小的。

陈子菁 生活中倒是经常出现，一旦决策以后就不会考虑变化。

陈少文 有了保底，中间过程是可以不断迭代、追求更优的。我把保底的这个决策称为试错型基准。什么意思呢？就是我们很多时候往往在没有任何基准的情况下随便作了一个重大决策，酿成大错后后悔不迭。为了保证决策的相对可靠，完全可以运用这个方法。比如，如果你去菜场，发现入口处几个摊子菜都很新鲜,也很便宜,要不要马上下手?

陈子菁 要啊。

陈少文 但你不知道后面有没有可能遇到更好的呢?

陈子菁 这就是必要的风险,要是不买,转了一圈回来,万一卖光了呢?这和挑男朋友很像。

陈少文 照你的意思,遇到的第一个男孩子就要在一起了?不论是转一圈回来再挑,还是看到好的马上下手,其实都有风险。前者是可能没了,后者可能是还有更好的,怎样保证有一个平衡点呢?就是运用决策基准。可以先在菜场逛几个摊位,作为自己的基准,比如逛5个,然后选择一个较好的作为基准,再继续逛,此后只要碰到一个超过最佳基准的摊位就立即决策,这样就可以保证不会出现刚才的那两种决策风险。

陈子菁 多接触男生,选一个做标准,然后只要比他好的,就下手?

陈少文 哈哈哈,可以这样理解。你知道为什么人要先谈恋爱再结婚吗？闪婚为什么不是主流？就是因为人类长期以来的生存经验告诉我们，恋爱可以作为决策基准，谈过几次恋爱以后，对于和谁可以走入婚姻就有了一个判断基准。同样的，实习经历也是对找工作的一个判断基准，否则直接找工作，你也不知道应该用什么标准去筛选。

陈子菁　那创业公司怎么用这个道理呢？

陈少文　我们可以用一些小的项目来寻找决策基准，在小的项目练兵中形成的基准和达成的共识，可以便于创业团队在大的决策中迅速找到决策模型。这一招特别管用，一定要多多练习。这就是我一直强调的小事练分析，大事靠直觉。这里的小事，就是我们的决策基准，提炼我们的决策模型，然后遇到大的商业决策的时候，就可以直接套用，不用过度分析。

陈子菁　练起来！

从2016年起，每个寒暑假我都会跟着我爸出去旅游。在英美等国家观察超市中的不同：比如美国超市多是小包装，而中国超市多是小包装；在北戴河阿那亚欣赏极简建筑，体验文艺气息，思考它的运营逻辑和商业模式；在泰国清迈听万秋阿姨分享创业经历，让我对商业更有兴趣；在九华山上听春天阿姨分享环球旅行与摄影的故事，让我不再害怕路人的目光，大胆拿出相机记录每一个瞬间，在欣赏美、创造美之余，通过摄影去赚我人生中第一桶金。

2023.8.21 陈子菁

创业意志

创业思维 与 推理

ENTREPRENEURIAL
THINKING
AND
REASONING

对话 06 胆识魄力
大概率思维与小容错区间

创业必须
敢于冒险吗
？

陈子菁 爸爸，很多人都说，人有多大胆，地有多大产，创业是不是必须敢于冒险？

陈少文 你觉得，如果一个人看到了一个巨大的商业机会，也摸索出了很好的财务模型，但就是不敢迈出关键的第一步，总是瞻前顾后，这种人有可能成功吗？

陈子菁 肯定不能啊，我们一些同学就是这样的，平时想法特别多，但关键时刻就犹犹豫豫。不像我，想到了就去做。

陈少文 所以我觉得，我们中国人一直强调的"知行合一"其实还远远不够，这中间还有一个意志因素，只有做到"知意行合一"才能成事，要敢闯敢干。这个敢闯敢干就是魄力，就是创业公式里的意志因素。

陈子菁 敢闯敢干不是指行动力吗？

陈少文 不一样，有了魄力才会开始行动，它是行动力的驱动力。什么样的人敢闯敢干呢？我觉得有两个要素：第一个就是勇于做概率决策。一般人内心都有种恐惧，确定性越高的事情，越容易下决心，但是确定性越低的事情，就越优柔寡断。第二个就是容错区间比别人更大。

陈子菁 什么是容错区间？

陈少文 就是输得起。我有1000万元，就亏得起100万元。如果说敢于做概率决策是魄力的主观维度的话，容错区间就是魄力的客观维度。概率思维和容错区间两个因素互相影响。我问你啊，你觉得一个刚毕业的大学生和一个久经沙场的商人，谁更敢做成功概率低的决策？

陈子菁 这个不一定吧？非要我选的话，我觉得可能是大学生。

陈少文 为什么？

陈子菁 反正他闲着也是闲着，最多就是啥也得不到，也不会失去什么。但商人可能担心的会更多吧。

陈少文 对。我们通常说光脚的不怕穿鞋的，就是这个意思。大学生本来机会就少，如果不去拼一把的话更没机会，所以容易作出概率决策，而且他们也没有什么可失去的，容错区间也大。但是已经成功的商人为什么反而会变得保守？因为要照顾的利益太多，容错区间反而变小，能亏反而不敢亏了，因而越来越倾向于做成功概率高的决策。所以，判断一个人未来成功的可能主要看两点，概率思维和容错空间。

陈子菁　那照这个说法，容错区间大的、概率思维小的，那到底谁的魄力更大呢？

陈少文　我们可以分析啊。一个大学生在刚毕业年轻的时候，1%的概率都愿意做，并不代表他有魄力，只是因为他没什么可失去的。唯一的机会都要抓住，因为这1%的机会不抓，可能就永远没有机会。但这并不代表他比别人有魄力。而一个商人可能要有50%的成功概率的事情才愿意去做，却可能更有魄力。因为他一旦亏了，就是身家性命，所以你1%和人家50%哪个更有魄力，当然是商人。

陈子菁　嗯嗯，明白了。

陈少文　刚才这一段话我其实是想让你明白，无论我们对世界产生了一个什么样的印象判断，都要尽可能还原成变

对话06 胆识魄力：大概率思维与小容错区间

量进行描述和分析。比如，这个东西很好吃，好吃能不能用变量来描述？在讲一个企业家成功的原因时，我们会说他很有魄力，但什么是魄力？就是概率思维和容错区间。所以其实，我们刚才等于总结了一个魄力公式：

$$C（魄力） = F（x）$$

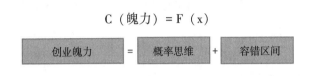

创业魄力 ＝ 概率思维 ＋ 容错区间

陈子菁 知道这个公式是不是就可以去训练了？

陈少文 是啊，我们把商业能力拆分为认知、意志和行动三个方面，每一个部分都有一个函数公式，就可以科学地训练我们的商业能力了。还可以更好地分析案例，了解别人成功和失败的原因。你还可以根据公司不同发展阶段和不同的规模，细化或者修正创业公式和魄力公式，赋予其不同的值。比如，创业时期，公司的容错区间和概率决策应该如何控制，守成时期应该如何控制等，形成科学决策模型。

陈子菁 我感觉概率思维可以训练，容错区间好像不是自己可以把握的。

陈少文 对。后者是客观的,比如结了婚的人容错区间就会下降。尽管概率思维可以通过后天努力提升。所以这是一个复杂的互动关系。

陈子菁 那很多人为了创业先不结婚,是不是就是因为这个原因?

陈少文 对,"匈奴未灭,何以家为",也可以从这个角度理解。很多年轻人一旦买了房子,买了车子,开始还房贷车贷,一生就被绑定了,现在知道原因了吧?

陈子菁 因为容错区间变小反过来降低了概率思维,所以一辈子就被锁死了。

陈少文 是的,我有很多学生就是这样的。有个学生跟了老板十年,案源开拓能力很差,但案子做得很好,一直想出来独立,但因为恐惧一直没有行动。后来结婚了,房贷车贷都压在身上,老婆又没有固定工作,就更不敢独立了。有了孩子,这个事情就无限期延后了。你看,越往后拖,你的容错区间越小,越不敢做一些概率决策。为什么很多年轻人认为创业时期不适合成家,就是因为容错区间会影响自己的概率决策。所以，很多人结婚后创业，就要先把家庭财产做个隔离，建立"防火墙"，一旦创业失败不能影响家人生活，这叫低风险创业。

所以你看，"瞻前顾后"这个成语又有了新的解释，不是因为性情变了，而是因为容错区间变了。你还是你，只是考虑的因素变多了。所以，我问你一个问题。你怎么看待这样一种想法：我先当几年公务员，然后再出来创业？

陈子菁 几年后她自己可能更不敢创业了。因为决策概率变了，如果在当公务员的那几年里，没有学习"下海"的技术，没有学习任何生存本事，可能后面就更不敢了。

陈少文 所以不要自己欺骗自己。虽然有些事情可以做时间的朋友，但思维和现实压力却可能是时间的敌人。你以为你人脉成熟了就敢"下海"了，但可能以后的生意类型也不一样了。如果一个人在刚毕业容错区间很大的时候就追求确定性，只做100%成功概率的事情，这个人可能一辈子都不会再创业成功。其实这个时候是最有条件做一些只有1%成功概率的事情的，因为没什么好失去的。所以，刚毕业就追求100%，这种人绝对难再创业成功，但成家了以后1%他也敢干，这种人也不值得依赖。这不叫魄力，这叫没责任感。

陈子菁　原来责任感和容错区间也有关系。

陈少文　是啊。给你推荐一本书啊，庞德斯通的《概率思维预测未来》，可以更好地理解我上面这段话。

陈子菁　好的。

陈少文　你还记得咱家前段时间买了一套房子吗？这是一个我非常喜欢的乌托邦式的理想社区，为了一种生活方式，我也愿意投资。但你妈妈说，现在房产市场走向不明，很可能房价会下跌。我说，那就看我们是否亏得起，如果亏得起，就冒一次险，购买一种生活方式。因为房价的下跌在我的容错区间范围内，是可承受的风险，但这种生活方式却是千金难买的人生体验，所以我就很容易作出这个概率决策。

陈子菁 是房价可能下跌的概率吗?

陈少文 你说的是负面的概率,我们家庭的容错区间可以 cover。还有一个正面的概率,我坚信可以实现。你知道吗?你老爸我一直都有一种有关社交链接的概率思维,说出来可能你都会觉得可笑。我人生第一次在现场看刘德华演唱会的时候,所有粉丝都在尖叫,说刘德华好帅。而我想的是,什么时候我要主持他的演唱会。当大家都在知识付费的时候,我想的是什么时候我能在这些平台上开专栏。你也知道,很多我当时夸下的海口,后来都实现了。所以,当我以导师身份带一个企业家研修班来到这个社区游学的时候,我想的是,以后我能不能以业主的身份在这里开课,从我业主体验的角度讲这里的社群运营和客户思维,甚至将来链接这里很多有趣的业主,为自己的人生和未来增加更多不确定性和可能性,这些都是我的概率思维。所以,大家在讨论要不要在这里置业时都在讨论房价上涨或下跌的可能,而我想的却是另一种概率,就是我能不能在这个社区构建我的新的社交生态。所以我的决策特别简单,几乎是瞬间就决定了。根本就没有过问关于房子的很多细节,因为肯定有前面的业主帮你考察过了,你在这里买的也不是房子,而是进行社交链接和企业授课的业主身份。

陈子菁 原来如此,我还以为是您一时冲动呢,不过我看了社区的视频和照片,的确太漂亮,太值得期待了。

陈少文 所以,我对财富的看法就是,它可以改变我们人生的容错区间,让我们有更多可以做概率决策的资本。正是因为你在财富上越来越自由,就可以作出越来越多和普通人不一样的概率决策,给自己人生带来更多可能性,最后这种可能性就会不断在你生命里涌现。若干年后,你和很多朋友已经判若两人,可能就是因为最早的容错区间和概率思维不同带来的必然结果。

陈子菁 所以,越有钱越自由,这句话可不可以理解为,"有钱"就是容错区间,"自由"就是敢做"概率决策"吗?

陈少文 对啊,就是这个意思。这句话的意思不是说我有钱了,就可以自由消费了。这个理解大大贬低了财富的价值。有些人在别人最开始做概率决策的时候总是嘲笑别人,他其实就是用"确定性"做标准,但是大家都看得到的机会还轮得到你吗?大家的底层思维就不同。为了50%的概率,同时又亏得起,这事就可以定了,决策链条极短。这就是魄力和决断力。很简单,重大决策就两步推理,超过三步脑子就不清醒了。要么是不想做自己,要么是不能做自己,要么是不敢做自己,必居其一。

陈子菁 那会不会显得很固执?

陈少文 不会。内心的笃定和外在的固执还是不一样的。你如果知道自己的决策依据,就会内心非常笃定,这和头脑发热性质完全不同,但外在表现可以谦和一些。什么叫强者思维?不是强势,而是温柔的坚持。一旦作出决策,谁也无法动摇。因为我们的决策模型不一样,你只是对决策有一种朦胧的恐惧,但我却清晰地知道我的决策要素。比如,同样是买房子,有的人从度假角度认为来不了几次,有的人从投资角度认为房价不会再涨,有的人从养老角度认为应该回老家,他们说得再对都不会动摇我的决定,因为这些决策要素和我都不同。

陈子菁 爸爸,您不是学法律的吗?我听您说过,法律人通常都比较保守,适合做一些比较稳妥的决策啊。

陈少文 法律人有两个缺点。第一,只讲逻辑,没有感性;第二,只讲保险,没有冒险。

这样会让自己生活变得没有趣味，而我之所以希望住进这个社区，第一点，就是希望给自己带来一种全新的人文的生活方式，来中和法律工作的枯燥和法律思维的"短板"；第二点，法律人总是强调风险防控，这也是为什么企业家骨子里不认同律师的一点，他们认为控制风险就是控制利润，都按律师说的，啥也不要做了，所以不是出事的话，一般都不会去找律师。那这种保守思维究竟好不好呢？这要看是从行业还是个人角度分析。从行业角度来看，任何一个国家都需要一个保守的行业，给行驶过快的经济高铁踩踩刹车，但是行业的优势在个体身上可能就是劣势。比如，中国确实需要驯兽员，这个行业就有存在的价值，但你当驯兽员太可惜了。所以，律师的行业特征落到具体个人身上很可能导致思维僵化，把握不住机会，行为和思维都趋于保守、不开放。

陈子菁 现在理解了，原来背后都可以用这个决策模型解释。但我有点不明白了，为什么您有钱，容错区间变大了。您刚才说有的人有钱，容错区间反而变小，越来越保守呢？

陈少文 这就是你如何看待财富的问题了。我因为坚持零组织创业，所以我的财富就是我的现实财富，它可以成为我的容错成本，但有的人的财富只是一个期待利益，它要对很多人负责,不是他的容错成本。

陈子菁 嘿嘿,懂了。爸爸,是不是可以这样理解,我们要培养自己的概率思维,通过商业认知的训练抓住别人看不到的机会。同时,又要考虑自己的容错区间,做到低风险创业?

陈少文 当然。我想和你一起来思考一道情境题,你看看如果是你在创业,你会如何选择?对赌协议。这个项目所能带来的商业利益是诱人的,但同时也需要一次性地思考清楚,你能否应对最坏的情况,一旦创业失败,是否会给自己带来无法挽回的后果。比如,Webvan 进入破产程序前,鲍德斯以 6 美分一股的价格清掉了 4500 万股,从中只拿回了大概 270 多万美元。最可惜的是,他没有认真反思这一次的教训,再次创业,但也再次失败。第三次创业也是同样的命运。所以你看,如果没有认知做指导,只靠勤奋和一个好点子,是不足以成事的。

陈子菁 是的。

陈少文 如果创业失败了,你还会东山再起吗?

陈子菁 可能会吧。

陈少文 如果上一个项目把你彻底打垮了呢？我们下一次就聊聊这个话题——创业中的挫折逆商。

陈子菁 好的。

对话 07 挫折逆商
安全岛思维与特种兵策略

怎样面对
创业失败
？

陈少文 前几周我举办过一次沙龙,有一个企业家学生,之前生活一直充满干劲,因为觉得自己的创业项目很有意义,能为客户创造价值,利润也很不错,但后来因为竞争不过国企,就转行做了国际教育。可是没想到刚转型就遇到了疫情,受到了严重打击,所以越来越看不到创业的意义,正好那次沙龙活动的主题就是人生的意义,所以他就来寻找答案。

陈子菁 找到了吗?

陈少文 一开始我说什么他都听不进去,一直沉浸在自己的思维里,后来临走的时候说,今天终于想通了。

陈子菁 很好奇您是怎么说的?

陈少文 他认为,工作停滞了,人生就没有意义了。我就问他,工作的意义是否等于人生的意义?他说等于。我接着又问他,如果人生是由工作、生活、学习、休息等几个部分组成,那可不可以说,这几个部分的意义加总起来就是整个人生的意义?换言之,如果这几个部分都没有意义,人生是否也就没有意义了?

陈子菁 我觉得是。

陈少文 其实这个问题的答案取决于生命有没有独立于这些组成部分的存在,就像一个盒子,里面可以填充各种内容。比如工作、生活、学习、休息等,但去掉这些实际的内容,盒子本身也是一个独立的存在啊。所以,我们完全可以脱离生命的具体内容来谈论生命的意义。我认为,即便工作、生活、学习和休息都找不到意义,生命本身还是可能有意义的。具体到创业上来,是不是一旦遭到挫败,挣不到钱了,创业就没有意义了?这个问题不想清楚,就不要轻易创业,因为创业失败是个大概率事件。

陈子菁 创业不为了挣钱,那干吗创业?

陈少文 问得好!而且大部分人都这么想,我不同意创业的目的就是挣钱。你必须另外寻找创业的初心,才能够应对大概率的创业风险和失败,否则一定会患得患失。我问你,你初中的时候上过新东方,知道新东方后来的事情吧?

陈子菁 知道啊,因为国家不允许进行 K12 的辅导了,所以新东方受到了很大冲击，亏了很多钱。

陈少文 那你觉得俞敏洪辛苦努力了三十年，平均每周工作都不下 40 个小时，如此累积下来，他三十年的投入几乎等于 6 万个小时，如果他破产了，你觉得他过往的打拼还有意义吗？他的人生不是竹篮打水一场空吗？如果早知道是今天这样一个结果，当初为什么还要折腾这么多事？再假设，有的创业项目，从一开始就注定会失败，那是不是就一定不要去做？比如，创办一份本地的文化刊物，明知早晚要关门，还投入最宝贵的年轻岁月是否值得？

陈子菁 他们自己喜欢就可以吧？

陈少文 是啊，但还远远不够。因为喜欢太笼统，它无法对抗每天的琐碎，你不能在每天遇到具体挫折的时候，一直用喜欢来安慰自己。你必须找到一个实实在在的理由。

陈子菁 那是什么呢？

陈少文 我们可以把前面两个问题结合在一起想。既然生命本身如果是无意义的，体验就是有意义的；感情本身如果是无意义的，浪漫就是有意义的；工作如果是无意义的，仪式就是有意义的。因为体验、浪漫和仪式感都是对无意义的一种反抗。我经常打个比方，人生好比是上帝赐予我们的一个美丽的酒杯，它本来是空的，但只要我们不会摔碎它，不去放弃生命，就要往这个空杯里倒入各种琼浆。有的人可能倒入的是写作，有的人倒入的是旅游，有的人倒入的可能就是创业，这些不同的生活方式就好比各种美酒，让酒杯有了意义。所以，每天为了事业奔波，如果可以体验到一种生命状态、总结出一句人生感悟，就是忙碌一天的舍利子，这个结晶才是我们高密度工作的意义所在。

陈子菁 怪不得我看您朋友圈，都是一句一句的感悟。

陈少文 比如，我在和学生聊了他创业失败的故事之后，就在朋友圈里发了一条当天的对话。问：人，应该钝感一点好，还是敏感一点好？答：对挫折保持钝感。对人性保持敏感。

陈子菁 对挫折保持钝感。嗯，有道理。

陈少文 是啊,如果创业目的是挣钱的话,你一定会有焦虑,会有挫败感。但是如果以人格完善和人生感悟为目标,每天都会非常兴奋,遇到挫折和冲突会更兴奋。因为又给你体会人生创造了更好的机会,创业的意义就在于它能更高密度、更深层次地接触生命问题。如果你不这样理解创业,每天得到的快感就会远远少于自己得到的痛苦。所以创业思维,首先要厘清创业的目的到底是什么。搜狐创始人张朝阳为什么后来去教物理了?创业二十年最后结果怎么样?北洋军阀时期,段祺瑞花了几年时间,借了多少外国借款才组建起一支军队,但到战场上,两个月的时间就全部报销。所以,在创业之初就应该把风险控制在自己的容错区间范围内,不要去做你承受不了后果的商业模式,不要在只能承受 500 万元的时候去选择2亿元的赛道。一定要在容错区间里创业，创业失败最多也就是没实现赚钱目标，但至少能承受得起，不至于人生崩盘，这样一来，人生体验、商业认知等方面肯定都是赚的。

陈子菁 我明白了。我有一次问我妈，咱们家会不会破产。我妈说："你爸精得很，他选的项目破不了产。"

陈少文 知识付费破不了产。哪怕我变得痴呆，我也破不了产。所以我说，如何面对挫折和失败，其实最根本的还是根据自己的容错区间选择低风险创业，不要陷入规模诅咒，但如果你的创业是为了豪赌，38亿元希望撬动2万亿元，中国首富的梦想最后就很可能成为中国首负的现实。在这样巨大的创业压力面前，人是不可能对挫折保持钝感的，更不可能把创业认知和人生体验当作根本目的，整体心态都会失衡，行为也会扭曲。这个想通了，创业每天都是幸福的，反正输了最多也就推倒重来。

陈子菁 我理解了。但是我还有一点不明白，以完善人格为目的，那无论选择什么项目都可以啊，这种创业目的怎么指导项目选择呢？您不也说，要做难而正确的事吗？反正做什么项目花费的时间和精力都差不多,为什么不选择挣钱多的项目呢?

陈少文 我没有说不能选择挣钱多的项目,而是说创业风险应该在自己的容错区间内。首先要依据正确的商业认知选择赛道,其次要通过最小化产品跑通财务模型。同时,创业成功的概率和损失也控制在自己的容错区间范围内,这个时候就可以准备大干一场了。这就是我特别强调的安全岛思维。只有把创业风险控制在可承受范围,才可能有好的创业心态,才能保证自己的行为和决策不会扭曲变形。

陈子菁 那可不可以理解为创业要规避风险?

陈少文 不是这个意思。创业本身就是充满风险的一项事业,成功概率极低,如果创业就是要规避风险的话,那就干脆不要创业了。安全岛思维的意思其实是,要让自己控制风险的能力始终大于风险本身即可,而不是简单地规避风险,不做任何概率决策。这样的创业者可能不会失败,但也绝对不会成功。在樊登的《低风险创业》这本书里,引述过李嘉诚先生的一段话:"我这一辈子创业,没有冒过一点儿风险。一开始做塑料花,我在别人工厂里干过。这种花怎么生产的,怎么卖掉的，能赚多少钱，清清楚楚。我请的生产和销售都比我过去工厂里的还要好，怎么可能不赚钱呢？大家说我投资房地产是冒险，其实根本不是这样！我早几年就开始研究那些标的了，我心里很清楚它值多少钱。所以只是等一个最好的价格而已，怎么会是冒险呢？产业配置也是一样，风险只会越来越小嘛！"这实在是对安全岛思维的最好注解。

陈子菁 安全岛就是要给自己一块永远不会彻底失去的根据地。可以这样理解吗？

陈少文 是的。大到国家，小到个人，都要有安全岛思维。比如，国家为什么不按照西方主流经济学理论实行土地私有化？你可以想想其中一个原因，如果一旦土地私有化，个人可以自由买卖土地，很多没有安全岛思维的农村青壮年劳动力，外出打工后就会把土地出售。而一旦遇到经济危机，企业倒闭裁员,城市里无法生存,就再也无法回到农村,从而成为在城市里流浪的失业人员,这对个体对社会都是一个极不安定的因素。所以,农村土地问题一定要以经济社会稳定的安全岛思维去思考复杂的农村土地问题。又如,2003年5月1日试播、7月1日正式播出的中央电视台新闻频道,打破了传统电视节目的播出格局,开创了以整点新闻、现场直播、字幕新闻为主的电视新生态,新闻节目改革的浪潮随之而来。但是,有心人也发现另外一个与这个潮流相反的现象,就是中央一套《新闻联播》节目自开播以来,几十年时间里从未改变播报形式,甚至连片头都没有做过大幅度的实质改版。这一老一新形成了鲜明的对比,某著名媒体人这样解释背后的原因:"新闻改革,风起云涌,但为了取得更大的改革空间,中央电视台必须稳住一头,才能放开一片。"你听,这背后的改革智慧,就是用《新闻联播》这一传统阵地作为安全岛,为新闻频道的改革尖兵赢取空间。只有具有了坚实的安全岛后盾,才可能形成探知改革风向的特种兵队伍,各类节目才可能形成百花齐放的活泼局面。

陈子菁 所以,创业项目中要有合理的组合——安全岛和特种兵的组合。

陈少文 对的。既要有可以实现稳定现金流的基本盘,又要有对市场机会进行敏锐反应的特种兵。这就是创业圈子里非常流行的反脆弱思维。创业者要善于为自己设计反脆弱的商业结构。只有建立在反脆弱商业结构基础上的所谓逆商才能真正挺过创业寒冬，仅仅依靠所谓坚强和钝感，都只是表层，不解决根本问题。巴菲特曾经讲过一个很有启发的故事：如果有一把可以装1000颗子弹的手枪，里面只装了一颗子弹，朝你脑袋开一枪，给你多少钱你会愿意？

陈子菁 多少钱也不干！

陈少文 我也是，但是为什么？因为收益的确很大，失败概率的确很小，但这个失败的代价是我不能承受的，等于是把我的本金 all in。而按照概率论，如果你玩一个游戏，每次都需要将你桌上的本金全部押注进去，扔一个硬币，如果是正面，则获得本金的两倍收益；如果是反面，则丧失所有的本金。这样的游戏，看似期望值是正的，$0.5 \times 2 - 0.5 \times 1 = 0.5$，其实结果是注定会破产的。知乎上有个帖子，讲的就是这个逻辑，它继续追问，如果游戏规则改变一下，同样是玩这个游戏，但是你可以决定自己下注多少，这样你每次下注多少合适？这就涉及著名的凯利公式了，答案是每次押注本金的25%最有利。也就是说，即使在这样的优势赌局下，每次下注本金的25%才是最有利的（很小的一部分）。为什么那些一次性下注很多的人最终都以破产收场，而著名的凯利公式测算出的结果确实下注25%最有利，背后其实也是安全岛思维和特种兵策略，不是吗？

陈子菁 那难道创业不是要 all in 的吗？不是要破釜沉舟、置之死地而后生的吗？

陈少文 老喻在《人生算法：用概率思维做好决策》这本书里提出过很有意思的观点，all in 的应该是我们的热情和时间，而不应该是全部的身家和性命。任何时候，我们的创业都要有风险控制意识和反脆弱的结构设计，它是比坚强更为底层的东西。

陈子菁 那什么是坚强？为什么反脆弱更为底层呢？

陈少文 在《反脆弱：从不确定性中获益》这本书里，美国作家塔勒布区分了两类人群：第一类人是"达摩克利斯"，他们脆弱，难以抵抗风险，随时都有可能被杀死。第二类人是九头蛇，他们懂得反脆弱，每砍掉一个头，就会重新长出两个头，比原来更强大。所以，没有被挫折击垮只是做到了面对危险保持不变而已，但反脆弱则是面对风险变得更好。一只铁球扔到地上，最多砸出个坑来，这叫坚强，但一只乒乓球砸到地上，会反弹得更高，这叫反脆弱。所以你看，仅仅做到坚强是没有用的，这只是不服输而已，但手头的资源和士气很可能已经因为一次失败而耗尽，但反脆弱则不同，它根本就没输！它还有安全岛，而且特种兵也具有极强的反思和升级能力，可以在下一场战斗中表现得更为出色。面对机遇的托底拔高思维，面对失败的系统复盘能力，以及面对冲突的转化升级能力，都是这种反脆弱能力的具体表现。比如，面对残酷的竞争环境，腾讯提出的著名的"半条命原则"，自己只留半条命——安全岛，然后将另外半条命交给合作伙伴——特种兵，然后开始大规模商业投资，布局各个领域的合作伙伴，以应对必然会到来的黑天鹅事件。QQ与360大战的失败，结果却促成了腾讯整体战略的变迁，从而具有了强大的反脆弱能力,转型成一个庞大的商业生态。

陈子菁　刚开始我还以为您会和我谈面对挫折不要气馁之类的话,现在才发现,您好像根本不 care 所谓的心态。

陈少文　因为没有合理商业结构支撑的所谓心态,都不是长久之计。人必须寻找最原点的创业初心,让自己获得在本质界的洒脱,然后在现象界里通过商业结构的设计,让自己的焦虑和挫败感没有必要,只有建立在这两者之间的所谓心态才是真正的乐观和豁达,而不仅仅是"胸有激雷而面如平湖"的个人魅力,依靠信息不对称带领队伍继续前进。

陈子菁　现在有个词特别流行,叫钝感力。开始只是在情感领域,现在好像也可以用在创业领域。

陈少文 没错,我有个学生前段时间来看我,他们的创业公司经历了一次大的动荡,正在东山再起。原来的合伙人已经出走了很多。她没有感受到太多的焦虑,反而在这场巨大变故中幸存了下来,重新挑起了大梁。她回顾这一年经历的所有事情后总结说,可能就是因为自己在面对所谓挫折的时候没有别人想得那么多,就是有一种对失败的钝感力。

陈子菁 这个不重要吗?

陈少文 重要啊,但不根本。因为你要知道,一个人的反应是系统性的。你不能期待她在一个方面钝感,在另一个方面非常敏感,往往是全部钝感或通通敏感。如果她对挫折很钝感的话,相应地,她高概率对失败的原因也会很钝感,所以可能在这次失败之后,仍然不会对系统进行反脆弱的结构升级,这才是根本。

陈子菁 明白了,所以您才不那么强调逆商中的心态部分,而是强调建立在安全岛和特种兵思维基础上的认知部分。

陈少文 对,你永远记得,商人的乐观和一般人的乐观是不同的,后者可能是盲目的,是天性,而商人的乐观必须是理性的，是系统设计的结果。所以，归根结底，我们整本书谈的其实都是基于认知的创业，哪怕是心态，都是基于认知的。如果一个人具有高维认知，有时候甚至可以把创业失败的风险转移给那些更愿意冒险的人。在老喻的《人生算法》这本书里，他提出了一个问题，如果你可以按下第一个按钮直接获得一百万元，而按下第二个按钮，则有一半的机会拿到一个亿，你会如何选择？

陈子菁 我会选择按第一个按钮。

陈少文 这说明你是风险厌恶型的选手。这和创业过程非常类似，创业就像是第二个按钮，谁也保证不了一定会成功。但一旦成功，收益就比一份稳定的工作要大得多。很多人在面临这种概率的时候往往会选择放弃，但老喻却给出了第三种思路，可以让自己既可以得到更高的确定性收益，又可以规避创业风险。具体的做法就是甩卖概率权，即把按按钮的权利以2000万元的价格卖给愿意承担风险的人，你就可以获得确定的2000万元收入，而把那个成功的概率转让了出去。

陈子菁 所以说，与其培养面对失败的乐观心态，不如训练自己进行非对称交易和反脆弱结构的设计能力，这才是防患于未然的真正逆商，也才是真正的认知型创业。

对话 08 个性风格
弱点即特点与顺性加突破

**我的性格
适合创业吗
？**

陈子菁 爸爸，您觉得我的性格适合创业吗？是不是所有创业女性都要是女强人啊？

陈少文 我觉得和性格没有直接关系。成功者千姿百态，他们性格迥异，但境界趋同。有一次我到贵阳去讲课，晚上学生组织了一个沙龙，把自己朋友叫来和我聊天，中间有一个企业家就讲了他最近的烦恼，说他儿子性格很内向，很担心他将来接班以后管理不好企业，问我怎么办？我问他多大了，他说他二十多了，也在现场。我当时就这么回复他："既然他二十多岁还愿意和你参加这样一个沙龙，你有什么好担心的呢？"大家千万不要把自己或者别人贴上一个标签，说性格内向的人就一定不适合创业，这种想法是错误的，判断适不适合创业的标准的确有，但不是内向，而是封闭。只有封闭的人才不适合创业。

陈子菁 内向和封闭有什么区别啊？

陈少文 比如你，从小就和我一起全球游学，每天晚上我们房间都会来一大群人，有时候你睡得比较早，我还担心会打扰你休息，就改在别的房间进行，但你反而经常提醒我，把大家叫过来聊。我说你不怕打扰吗？你说，听你们聊天挺好的。你看,虽然你在大家聊天时并不介入,但你并不排斥和人交流,不排斥倾听别人,这就是一种开放的心态。所谓性格内向其实只是慢热,每个人都是不一样的,不要总是要求自己和社交达人一样左右逢源,没有必要。你始终要关注的是自己心态是否变得更为开放,而不是更加封闭。我说:"既然你儿子愿意参加这样的沙龙,也愿意倾听和交流,就说明他的心态是开放的,就没什么好担心的。"我这么一说完,他突然放松了好多,说听了这么多心理专家的解答,都不如这个答案通透,自己顿时释怀了。

陈子菁 听您这么一说,我也放松了,我也觉得自己社交能力很强,但就是不能和别人自来熟。现在我知道了,这叫慢热,但我很愿意交朋友,我的心态很 open。

陈少文 这就够了啊,为什么非要改变自己的性格呢?人首先要接纳自己。不要动辄给自己贴标签,给自己不好的暗示。我有一个观点,人没有弱点,只有特点,就看你是否会转化。我曾经听过一个故事,一个色盲的孩子学习摄影,为了掩盖自己的所谓缺陷,他只拍黑白照。有一天在学校上美术课,必须用水彩给图画上色。他画完以后周围同学都在嘲笑他,老师过来一看,才发现原来他拿错了颜料,把本应该是蓝色的天空涂成了绿色,就问他为什么要这样画,你猜他怎么回答的?他说:"这是风的颜色。"多棒啊!"春风又绿江南岸",你看,古人也知道,风是绿色的,他一句话就把一个错误变成了一个创意,得到了老师的赞扬。所以我说,一个人要勇于接纳自己,善于发现自己的闪光点,没有弱点,只有特点。

陈子菁 那这是不是一种阿 Q 精神呢?

陈少文 什么是阿 Q?阿 Q 是编造事实来麻痹自己,比如"我的祖上也阔过",根本没有的事,他自我麻痹,但我们说的这个转化并没有编造事实,而是改变认知角度。创业者什么性格不重要,关键看如何认识自己的性格。每种性格都有自己的弹性增长区间,如果能够巧加利用,可以将这个区间发挥到极致。比如,你的性格当中没有多少冒险的成分,完全可以啊,那你的概率决策区间可能就和别人不太一样;你不能接受风险极高的对赌,没问题啊,你完全可以给企业选择一条稳步增长的发展路线。所以,接纳性格,并认识到性格所决定的创业区间,由此选择一条适合自己的创业之路,我觉得是创业者必须首先认识到的一点。

对话08 个性风格：弱点即特点与顺性加突破

陈子菁 那是不是说，不同性格的创业者，能给企业带来的增长空间也不一样？

陈少文 是的，不同性格的创业者要选择适合自己性格的创业项目以及管理风格，并接受创业项目本身自带的增长区间。比如，著名的企业家袁岳先生就属于典型的知识分子创业，他是西南政法的法学硕士、北大的社会学博士，性格非常儒雅随和，他的创业项目"零点咨询"就是非常适合他性格的赛道，知识型企业也比较适合他的管理风格。试想一下，如果当时他选择的是主打市场的销售型企业，那就必须身先士卒，创造出一种开疆拓土的狼性文化，那以他的性格特征和管理风格，可能就无法享受创业的乐趣了，该和客户喝酒就要喝酒，该唱歌就要唱歌。

陈子菁 您好像和我说过，袁总和员工说，只要喝酒才能签的单子一律不要。这个底气其实是和自己的创业类型相关的。

陈少文 对啊。所以，一个人不要动辄给自己的性格下标签，判死刑。

陈子菁 明白了。我还有个问题，难道真的没有确实是缺点的弱点吗？比如，脾气就是很暴躁，总是无法很好地与人协作？

陈少文 为什么不可以？你觉得董明珠脾气不大吗？但影响她成为一流企业家了吗？如果说有的性格你可以把它看作特点而不是弱点，但有的性格的确是弱点，这一点不容怀疑。但即便如此，还是可以换个角度来认识，就是这个弱点是不是根本性的。我问你，如果我曾经给你买过一个一万块钱的手机，不愿意给你买一个10块钱的冰激凌，你还会认为是我吝啬小气吗？

陈子菁 当然不会。因为我知道您舍得，所以不买肯定有其他原因。

陈少文 如果我曾经冒着生命危险救过你一命，你还会因为我骂你两句而记恨在心吗？

陈子菁 肯定不会。

陈少文 你发现没有，问题不在于你是不是骂了他，而在于你们之间是否有足够的情感账户可以随意支取余额。性格也是一样，有些性格缺点是无伤大雅的，但有些却是比较致命的。你要考虑的不是如何让自己成为一个完人，而是你有没有更高位的优点足以让那些缺点变得无足轻重。我很反对和自己死磕，一定要接纳自己，不要动辄去改变自己的性格，这是不可能的，我们更应该做的是关注自己如何形成高位优点。比如，如果你有说话直率的缺点，就应该关注是否舍得分钱，如果没有，就要改变说话直率的缺点，讲究沟通艺术。

陈子菁 哈哈哈。舍得分钱，别人就忍了。

陈少文 对。这个观念至关重要。一定要关注自己是否有更高位的优点，而不要总是盯着要把自己变成一个没有锋芒和棱角的完人。这样既做不到，又会错过真正需要改变的东西。有一次我和iCourt的老师一起在敦煌开产品经理年会，我们住在沙滩营地，早起一起看日出，太阳升起的一刹那，突然有人开始拍视频，让我们每个人说一段话，我头脑里迸出的第一个念头就是一句我特别喜欢的话："我的缺点多得像星星，我的优点少得像太阳。但是，太阳一出，群星隐没！"当时说完，现场那个惊艳啊。哈哈哈。

陈子菁 缺点再多都不怕，一个太阳就够了！

陈少文 能力谱系也是如此。比如，我以前一直觉得自己不够帅，所以成天想着怎么植发，怎么瘦身。后来发现，这些缺点即便改了，我的魅力值也不会增加很多，因为颜值其实处在能力谱系最低的位置。我给自己绘制了一个谱系图，从此解决了这个心结。这个能力谱系，从左到右依次是颜值、声音、技能、知识、认知和格局。你看，在这个谱系图里，颜值最不重要。所以，后来我靠声音进了安徽人民广播电台、合肥人民广播电台担任主持人。再后来，靠演讲得到了全国读书活动特等奖，还在很多机构讲授商业演讲。再后来，我靠博学赢得了众多粉丝，然后开设了主要教授认知的私塾，最终回归格局，让它成为一个能量社群。在这个谱系中，你的能力每向左移动一次，右边的能力就变得更不重要。

创业也是一样，你也应该有一个创业能力地图，知道什么是更重要的。比如，相比于心理沟通力，制度管理力更为重要；相比于制度管理力，思维领导力更为重要；相比于思维领导力，格局影响力更为重要。如果马云善于把握商业机会，给股东创造了更大的价值，他是否善于沟通其实根本没人关心了；如果张一鸣善于设置激励机制，他是否善于设计管理制度，其实也没那么重要。其实在阿里巴巴早期，马云就曾深刻暴露过自己管理能力的缺陷，后来不得不通过职业经理人建立了"六脉神剑"的管理文化。领导者一定要抓关键要务，在对待自己性格的问题上也是如此，一定要高屋建瓴，抓住核心的关键领导能力去完善提高。如果一个领导者总是在学习各种沟通技巧、管理知识、财务基础，我敢断定，这个企业一定走不长远。

陈子菁 听您这么一说，我就放心了，我有很多缺点，这下可以放心了。哈哈，谷爱凌也不爱叠被子，但人家是世界冠军。我一屋不扫，所以能扫天下。

陈少文 没错，这两个"扫"用到的思维和方法都是不一样的。所以，不能从是否爱打扫房间，推出一个人是否可以领导一个国家，推不出来的。在我看来其实正好相反，只有抓住大事，永远追求高纬度的认知和习惯，才会创造出更大的人生价值。房间是可以交给阿姨或者职业经理人来打扫的。好的，我们刚才已经解决了关于个性的两个问题：一是如何看待自己的缺点；二是如何发展自己的优点。现在，我们要谈下一个问题了，如何超越自己的弱点。

陈子菁 刚才不是说不用管它了吗？顺性就好啊，不要和自己过不去，要勇于接纳自己啊。

陈少文 这话只说了一半你爱听的，后面还有一半，刚才说的只是顺性，现在我要强调的是在顺性的基础上突破。没有突破的顺性，其实是任性。我曾经给一些律所主任讲过一次两天的管理课，第一天晚上自我介绍环节，我让大家说出一个作为个人最不想改变的缺点，以及作为管理者必须改变的一个缺点，之所以问这两个问题，就是希望告诉大家：作为个人，顺性就可以了，但作为管理者，还必须突破个性，以追求更大的组织利益。做人和做组织是两套逻辑，做律师和做管理是两种思维，你很可能是一名优秀的专业律师，但也很可能同时是一个失败的管理者。甚至律师做得越优秀，管理做得越失败，因为专业服务者对事敏感，可是管理者却要求对人敏感。这是两套完全不同的思维模型，很多时候是互相冲突的，对事越敏感，对人就越不耐烦。追求效率的人一般不太关注别人的情绪。所以，如果你一开始就给自己定位为管理者，某种程度上你就要逐渐地脱离业务，或者至少不再像以前那样关注那么多细节。你要抓关键节点，只有从事的逻辑里面抽身出来，才可能转向管理思维。这是我想提示你的第一点。

陈子菁　等等，我有个问题，为什么您问的是做人最不愿意改的缺点，和做管理者最想改的缺点，这两个问题能不能对调一下？做人最想改的缺点，和做管理者最不愿意改的缺点？

陈少文　当然不能改，这里的内在逻辑是：做人就要接受自己不完美，但做组织一定要趋近完美。作为管理者如果不追求完美的话，会造成组织利益的损失，但做人一定要学会接纳不完美的自己，要学会欣赏自己，和自己友好相处。

陈子菁 那顺性之后怎么突破呢？

陈少文 我举个例子。假设你的性格不是扩张性的，不适合逼单，你总觉得不高级，不希望勉强别人，作为个人这是个优点，但作为销售人员，这可能就是性格"短板"。按照我们刚才说的理论，你要接纳自己的性格，不要强行改变，非要学别人八面玲珑，和人觥筹交错，你也做不来，做出来了也很别扭。不要试图改变自己的基因，但这并不等于你就没有提高的空间。记住那句话吗？任何性格其实都是一个区间，在这个区间里，你有没有做到最好，有没有发挥到极致，每种性格都可以发展为一种销售风格。比如，你不喜欢同事的销售风格，一见客户就推销产品，而不管对方是否需要。因为他们信奉撒网理论，按照概率，总有几个上钩的，反正是一锤子买卖，而你就必须发展出一种适合自己性格的销售方式。比如，在客户对你建立情感认同或专业认同之前，坚决不销售产品，而且一旦建立客户关系，就会集中精力做他的推荐率和复购率。为了做到这一条，你就要细心研究这种情感认同加产品销售的模式有哪些技巧。不能就随着性子，完全随缘，这既不是专业的态度，也不会提升自己的创业认知和销售能力。

陈子菁 不能只听到顺性就完了，还要去突破，不然又变成一种自我安慰了。我觉得有的人性格比较大条，生活中不是一个特别计较的人，但是作为管理者可能就会有问题。

陈少文 对，性格大条是次优，但作为管理者还有最优，就是"体大而思精"，既大条又细心。真的有人可以做到这样，有的时候大大咧咧的，比孙悟空还孙悟空，心里装不下任何事情，可是有的时候，又心细如发。我有一次讲课，一个主任家里有事，就先出去办事，回来后买了两包糖炒板栗给大家。我因为在讲课，所以看了一眼就放在右手边没有吃，大家没有人作出什么反应。她一直看着我讲课，但剥了一堆，突然放到我手边，所有人都被这个动作震惊了，因为她平时看起来是一个非常大大咧咧的人，和孙悟空一样，但没想到在有些时候又如此细心。我觉得这就是性格的区间，顺性之后还要突破。还有一个细节，当天有外地同学因为要赶飞机，所以参加晚餐的时候一直心神不宁，因为她要计算等会从吃饭的地方回到酒店、办理退房后再打车去机场的时间，这名主任平时大大咧咧，这个时候突然小声和同学说："我已经安排好司机在酒店楼下等你了，行李已经在车上，酒店房间也已经退了，你现在还有35分钟可以吃饭，不要着急，我已经把时间给你计算好了。"你想想看，做人既豁达开朗，又心思细密，这样的人怎么可能不成功？

陈子菁 确实确实，那是不是可以理解为三个层次。第一个层次是你知道自己的性格而且特别想改变它；第二个层次是你知道自己的性格但接受是你的一部分，我就是这样的人；第三个层次是你知道自己的性格，但却去突破它，做它的主人。

陈少文 对。我们之前讲顺性，强调不要轻易否定自己，因为你否定的是你过去几十年的成长岁月，这其实是否定不了的，它已经成为你生命的一部分了。一定要接纳你现在的性格，但不要忘记，顺性后面还有两个字叫突破，胆大后面也有两个字叫心细。不要只是胆大，还可以心细，不要只是内向，还可以内敛。别只找对自己有利的那一部分，那是自我安慰，不是自我成长。为什么我们每个人长成这个样子不自杀？没见过哪个人长残了，就去毁容自杀的吧，还不是因为接纳了自己的外貌，然后天天化妆吗？

陈子菁 这不就是"顺性加突破"吗？哈哈哈。

陈少文 很多人只是顺着本性，却并没有去求突破。比如，我这个人不喝酒，我就顺着本性，不想勉强自己。但是我发现在不喝酒的问题上，人和人的处理方式还真的不一样。有的人是不喝酒，但他买单了；有的人不喝酒，但他开车送每个人回家了。可是你不喝酒，就只是不喝酒而已。这种人同事关系不好，往往还会觉得是别人的错，坚信自己不该委屈自己去做自己不喜欢的事情，这就没什么好说的了，因为很多人做对了一半，其实就是做错了全部。同事们欣赏的是不喝酒而买单的人，欣赏的是不喝酒而送人的人，但绝不可能欣赏一个就是不喝酒的人吧？这件事本身不是喝不喝酒的问题，而是顺性之后你想着突破了吗？你只对了一半，而且这一半只对你有利，另外一半你不做，就做错了全部。所以我说，你要在不喝酒之外，再想想你还能多做一些什么，否则大家就是和一个永远只会拒绝的人相处，不是吗？当然，你们这一代人比较自我，如果你不去创业，风吹日晒，旱涝自理,你选择怎样的社交方式当然是你的自由。但只要你的工作和创业还需要团队协作,就不能只是强调对自己有利的那一面,而要时刻想着如何顺性之后求突破。

陈子菁　当我不喝酒的时候,我就必须去承担别的责任,比如买单,这就是顺性加突破。这个例子好,特别好懂,也好记。

陈少文　哈哈,这样记也可以。

对话 09 底线边界
价值观排序与互利性阳谋

你敢和对方
公开你所有套路吗
？

陈少文 你听说过愿景、使命、价值观吗?

陈子菁 听说过啊。小时候上辅导班,很多机构墙面上都印着这几个字。不过,我也不太明白他们之间有什么区别。

陈少文 也很简单,使命就是企业为什么而存在,它能为社会创造什么价值;愿景就是企业希望将来成为什么样子;而价值观就是从使命到愿景的过程中,做事的方法、原则和底线等。你是不是经常看到有一些企业说自己的价值观是客户至上?

陈子菁 对啊。不过听得多了,也没有感觉了。好像每家企业都可以这么喊,谁知道他们做得怎么样?

陈少文 是的,如果价值观中间没有方法论,其实都是贴在墙上装点门面的,真正遇到需要做抉择的时候,并不能指导自己的行为选择。我问你啊,如果有一个培训机构的价值观是务实,你觉得它的员工和老师看到这两个字,会知道该怎么做吗?在遇到问题的时候,能够根据这个价值观作出行动抉择吗?

陈子菁 不能。

陈少文 所以,创业公司从第一天开始就要重视积累价值观冲突案例以及具体方法论,这是非常重要的企业文化建设。比如学而思,在将"务实"作为价值观传递给员工之后,又制定了对价值观场景化的奖励方案,结果很多员工就结合自己岗位的工作,贡献了很多具体的做法,从而让价值观在企业里可以落实到细节上。比如,市场总监结合本职岗位提供了一个案例:在其他城市开设分校,必须在本地市场成功以后再去外地城市复制。所以,它成立七年后,才只在七个城市开设了分校,稳扎稳打,这就是务实的市场风格。教学总监也可以提供一个案例:开始只教学生数学这一门课,只有等一门学科在本地市场占有率达到第一位的时候，才开第二门学科，这也是务实价值观的最佳说明。所以，其实价值观本身并不空洞，最重要的是公司有没有形成以价值观为核心的企业内训、总结和考核机制，让所有人都知道在各自的工作流程中，价值观如何体现在工作细节上。所以我一直认为，员工其实不需要知道价值观，他们只需要知道在自己的岗位上做到哪些细节，公司价值观自然就落到了实处。

陈子菁 很多公司让员工背诵价值观，但其实很多人有口无心，根本不知道到底该怎么做。

陈少文 那这就毫无意义了。你知道为什么会这样吗？因为提出价值观口号的人自己都不知道这几个字意味着什么。他们是拍脑袋想出来的，话怎么漂亮怎么说，不管自己是否做得到。有的时候，恰恰因为细节做不到，才喜欢喊空话。这样的公司，如果员工和客户拿着价值观对比公司决策层做的各种决策，会有一种被欺骗的感觉。其实，真正的价值观必须是人格化的。也就是说，员工不需要知道口号到底意味着什么，只需要在重大利益冲突的关键时刻，看决策者是根据什么标准做的决策，那个标准就是价值观，我把它叫作人格化的价值观。

陈子菁 只有领导者自己做到的,才能真正起到表率作用。

陈少文 所以我主张,公司在制定价值观的时候,不要去想漂亮的口号,而是把创始人都叫在一起,先想创业过程中的所有艰难时刻,你们作出痛苦决策的最终标准,让你们觉得其他同行可能做不到的地方,总结出来的理念,才是真正内化在公司基因里的最好的价值观。因为自己一路走来已经通过战斗真正做到了,已经体现为合伙人的共同理念,它更容易被人格化地展现,也更容易被感知和传递。可是如果公司一直以来都没有作出过常人难以作出的决策,很难说这家公司有什么与众不同的价值观可以让它走得更远,这就是"人格化的价值观"。这样的话,你们公司的价值观,哪怕表述的和别的公司一模一样,但你背后有故事、有案例,穿透力是完全不同的。

陈子菁 能不能举个例子?

陈少文 我还是讲知识付费领域的公司吧。你知道凯叔讲故事这个品牌吧?他们在创业之初的时候就遇到过一次艰难时刻。2016年年底,凯叔讲故事推出了一款非常重要的产品《凯叔西游记》，目的是能够争取在春节期间冲击市场，节后开始融资。为了配合整体的战略，深圳工厂加班加点生产，但是没想到的是，联合创始人、CEO 朱一帆例行检查产品的时候，意外发现有一段音频，大概有两秒的重叠，朱一帆经紧急核查，确认属于母带录制瑕疵，因而所有产品全部有质量问题之后，第一个冲击到脑海里的问题就是：怎么办？对于一家初创企业而言，如果坚持质量第一的原则停下所有生产线，将会导致直接经济损失 200 多万元，这还不算，所有生产周期都要延后半年以上，直接后果就是直接影响到对 B 轮融资投资方销售业绩的承诺，进而影响到 B 轮融资的成败。如果你是这家公司的 CEO，遇到这种情况你该怎么做？

陈子菁 有哪些选项呢？

陈少文 比如，继续生产，但打折销售；又如，声明产品质量，对这一瑕疵介意的用户将无理由退款；还有，就是停止生产，承受所有损失。

陈子菁 如果是我肯定选择最后一个啊，停止生产，不过，可能因为不是我出钱，他们要做这个选择可不容易。

陈少文 没错,因为背后是一系列的连锁反应,价值观只有在艰难时刻才会显出其作为决策依据的功能。让人非常敬佩的是,凯叔讲故事团队大概只用了15分钟就做出了全部销毁、重新生产的决定。朱一帆回忆当时的场景,之所以公司管理者没有争论这个选择,就是他们的价值观起到了作用。他们的逻辑是:如果我们同意一个有两秒钟瑕疵的产品给到孩子,就意味着这半步跨过去,明天再遇到一个犹豫的事情会再跨半步,这样一步一步跨过去以后,我们将永远无法成为自己心目中设想的那个伟大企业。你看,当创业团队曾经在艰难时刻依据一种共同的理念作出过艰难决策,那往往就是你们公司的核心价值观,而且是做出来的、人格化的价值观。

陈子菁 其他合伙人如果不同意呢?

陈少文 所以我说创业团队理念一致非常重要。这个理念不是培训和沟通出来的，而是大家都有这个基因，只有这样形成的团队才能走得更远，走得更稳。价值观只有在执行层，才需要培训和灌输。经过这样一件事情之后，凯叔讲故事团队当然可以把"质量第一，客户至上"作为自己的价值观。

陈子菁 感觉有了真正的价值观指引，做决策也不再纠结了。

陈少文 对啊，因为这是公司的信仰，目标唯一且神圣。只有一个人目标神圣化，他才会将军赶路，不追小兔。他才会永远记得自己的根本目标，才永远不被细节困扰，不因情绪烦恼，不为利弊纠结，狠抓主目标，所有干扰因素，在他看来都不足为奇，不足为观，不足为虑，决策果断而敏捷。所以培养对某个目标的尊崇感，就是对强者思维的一种训练方式。一个没有信仰的人，是很难有强者思维的。什么样的人会纠结？就是目标多元且都不神圣，既要，也要，还要。你看《悬崖之上》这部片子，看哭了多少人？为什么？不就是因为他们只有一个目标吗？为了中国革命的成功，不惜牺牲生命，凡是每件小事单独权衡纠结的人，就是没有把目标神圣化。到底升官好、发财好还是革命好？所以，君子立长志，你一定要搞清楚这一辈子到底是为了什么？这个问题你不问清楚，所有的忙都是瞎忙，都是自欺欺人。

陈子菁 您想清楚了吗？

陈少文 想清楚了啊。每一代人，每一个人，都有自己的"业"，每个人来到这个世上都是来消"业"的。毛主席的"业"是功业，是民族崛起，邓小平的"业"是中国富强，他们有这个业，所以当了国家领导人。我们的"业"是事业，是推动法治进步，所以当了律协会长，做了律所主任。你的"业"是作业，是增长知识、提高能力。非做这事不可，没钱也做，不做难受，这些业力就构成了生命的信仰，只有把这个目标神圣化，才能有真正的强者思维。挣钱不是根本目的，那是维系肉体最低生存不得不做的一种谋生性的活动。人生绝不能只有谋生的活动，如果所有的事情都是为了生存，就是行尸走肉。你必须为你做的事情附加上一层神圣化的意义，你才能没有具体的困惑。否则，整个人没有目标，或者有了目标也不神圣，就很容易呈现出弱者的状态。出现一系列沟通、说服、谈判的问题，出现一系列管理上的难题，其实这些都是表象，根本原因就是你不知道做组织究竟是为了什么。你一定要给自己人生找一个安身立命的东西，如果找不到一个安身立命的东西，这一辈子长寿是没有意义的！你找到那个意义以后，再忙都不要紧，但是如果找不到意义，闲了都很可怕。

陈子菁 嗯，价值观的土壤在于生命的信仰和目的，否则，根本无法真正指导我们的创业。回到刚才的话题，如果创业公司没有经历这些体现价值观的事情呢？是不是就没有办法总结价值观了？

陈少文 如果没有，就要抓住任何管理冲突或客户投诉这样的机会，把它做成某一个价值观的案例，把危机变成转机，可能由此恰恰能够带来一种基因的突变也说不定。而且有这个心态，面对冲突的时候，创始人心态也会更加平稳。我还是举阿那亚的例子，这个故事叫"高尔夫球场的营业时间"。我问你，如果一个高档小区高尔夫球场的营业时间是早上9点钟，会不会因为某一个业主把开门时间改到早上6点半，理由仅仅是他说自己习惯早起打球？

陈子菁 当然不会，球场又不是给他一个人开的，仅仅从成本的角度来说也不会同意啊。

陈少文 是啊,正常人都会这样想。员工8点上班,要提前一个小时为高尔夫球场做准备,每个洞、草坪都要维护,这都要准备时间的。如果按业主的要求6点半开场,是不是5点半就得开始准备?那员工的班车是不是也要提前发车?这得调动多少部门?不管从哪个角度考虑,都不能开这个口子,这是我们所有人的正常反应。可你有没有想过,这是一个高档小区,很多业主都有很强的社会网络,这个看似不合理的要求,恰恰是对服务水平的一次考验,也是对营销思维和模式的一次升级。如果是我,始终会在创业过程中把冲突和投诉作为最佳机会,始终带着一个创造典型案例的思维,升级服务流程和水平,变成一个价值观案例,然后进入最高级的故事营销阶段。

陈子菁 那增加的成本怎么办?

陈少文 这不正好升级你的管理水平吗?比如增加的成本是否可以通过财务模型的设计分摊到营销费里?

陈子菁 可以倒是可以,但好麻烦啊。

陈少文 这不恰恰是一次升级管理水平的机会吗?你想

想，如果因为班车调动而拒绝，这至少说明，高尔夫球场的管理者无法调动园区资源为客户服务，如果组织能力不匹配，仅仅提出客户至上的口号有意义吗？所以这件事本身能否结局不重要，它至少告诉我们一个道理，要想真正做到"客户至上"，就必须调整组织架构。管理团队最难的是什么？跨部门协调。因为部门利益不一致，司机完全可以说，凭什么让我加班？所以阿那亚有一个别人学不去的地方，就是它有一个叫九州会的组织设置，专门负责统筹园区活动和业主福利。九州会的前总经理听到有业主要求6点半开场这个明显不合理的要求后，立即打电话给高尔夫球场的总经理协调此事。所以你看，客户至上的价值观首先就要求组织形态要能第一时间响应客户需求，让听得见炮火的人呼唤炮火，没有组织建设能力，客户至上的价值观就是一句空话。你猜，球场经理的第一反应是什么？

陈子菁 正常反应是"我们不可能因为一个业主的要求就改变球场开放时间"。

陈少文 "别逗了""你有病啊"，对吧？这些都是正常反应。但是这位球场经理第一句话问的是——"他是谁？"我们分析一下这句背后的心理。

陈子菁 我觉得是不是想知道究竟是谁这么无理取闹？或者是看对方的身份，地位高的就通融一下，普通人就算了。

陈少文 他问到了对方身份以后，紧接着说了一句："是他啊，他的打球速度我知道，他打得很慢，他打完18个球洞耗时很长，可以这样，他和员工一起来，他打一个我们做一个，这事就解决了。"

陈子菁 原来他考虑的是能不能边打边做球场准备？

陈少文 对，球场经理并没有以拒绝为预设答案，而是询问信息看有没有可能变通处理。在他发现对方打球速度这一信息后，就想出了问题解决方案——业主可以和员工同时进场，"他慢悠悠地打，我们慢悠悠地准备"。我们普遍以为他会根据对方身份和影响力来决定解决方案，好像有点以小人之心度君子之腹了。这位经理的思维方式一直都是以解决问题为导向的。这样，一个客户至上的典型案例就出来了。

陈子菁 这个方法太牛了，既解决了具体客户的问题，又没有增加过多的成本。

陈少文 不仅如此,阿那亚研学院四处宣讲这个故事,变成了强调业主体验的经典案例和故事营销,同时也是对公司价值观最好的诠释,员工可以在这些场景里去体会"no but"这一服务理念的具体做法。你看,这些公司才是玩价值观的高手。正是因为有了这些客户至上的经典案例,才会每次推出新产品都被老客户一抢而空,根本不用进行任何宣传。阿那亚金山岭的项目,第二期刚开盘,两个小时内 428 套别墅就被老客户抢光了。在别的公司只会在口头上强调"客户至上"的时候,阿那亚已经摸索出了一套"no but"的方法论,而且转变成了巨大的商业价值。我讲这个例子是想告诉你,商业其实并不复杂,只要坚守住一个底层逻辑就够了。客户至上是价值观,老客户至上是方法论。真正理解这句话的内涵,就根本不需要去开辟新的客户。你必须让你的客户相信,老客户永远是享受最大福利的人,以后你推出任何新产品都不会担心销售,这就进入了一种美好的商业关系,进入了一个良性循环。

陈子菁 嗯,知道了。爸爸,我还有个疑惑,我们这次进园,个别服务员的服务态度也并不是很好啊,我们办理登记的时候,在大风中等了十几分钟,您怎么说他们的体验做的是一流的呢?

陈少文 我问你,一个正确的战略,有没有可能被执行走样?当然有可能。无论领导层多么远见卓识,大公无私,都无法控制每个员工的每个行为,我们不能用执行层面的错误来否定战略层面的正确。我们的创业认知学习的是如何解码公司战略,如何提升组织能力,如何跑通财务模型,如何系统性地提升服务能力。比如,九州会这一跨部门协调组织的设立,将物业和高尔夫球场纳入整体商业架构运营的财务模型,以及"no but"服务理念的培训,这些才是创业公司需要考虑的层面,个别员工的服务细节只要控制在可容错的范围内即可。我们出来度假既是放松,更是学习。在你观察到一些不尽如人意的服务细节时,首先应该区分哪些是系统性的,哪些是个体性的,用这种思维来看待价值观在公司里的落地问题,会比较通透。

陈子菁 但是个别服务人员的服务水平确实会影响客户体验啊?这个怎么办?

陈少文 很简单,有些错误是不允许发生的,需要通过客户投诉不断提升这个及格线,然后对所有创造了峰值体验的员工,要给予各种激励,尤其是要完善服务流程,要把这些峰值体验细化为具体动作,场景化地传递给所有员工,系统性地提升整体服务水平。所以价值观对公司不同层级的要求是不一样的,在领导层,价值观是合伙的标准,重理念同频;在管理层,价值观是考核的标准,重制度建设;在执行层,价值观是培训的标准,重场景内化。

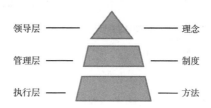

陈子菁 嗯,价值观要可视化,要人格化,要场景化。但是,我还有个困惑,创业过程中有很多的决策可能和价值观没有什么关系,这个时候怎么把握行为的边界?

陈少文 你区分得很好,价值观是有关行为底线的问题,但行为边界有所不同。因为方法有很多,今天我只想和你说一个观念,就是阳谋。

陈子菁 阳谋?是阴谋的对立面吗?

陈少文 可以这么说。阴谋的"阴"其实有两层含义,第一层含义,阴是指不公开,比如积阴德,就是做好事不要公开的意思,隐私又叫阴私,都是这个意思;第二层含义,阴是指动机不纯，害怕别人知道。所以，从这个角度来看，阳谋就很好理解了，第一，公开，不藏着掖着；第二，不怕别人知道。只要你的行为符合这两个标准，就可以去做。

陈子菁 那"谋"呢？我觉得用计谋就是不好的，不管是不是公开，感觉都像下套一样。

陈少文 我原来和你的想法是一样的，但有一个创业节目改变了我的想法。《赢在中国·蓝天碧水间》有一期，作为APEC工商领导人峰会、达沃斯论坛常客的田宁，在读大学期间第一个创业项目就是卖电脑，摊位在电子市场的厕所旁边，因为这样可以节省下店面租金。但那个地方很偏，一天上厕所的也不超过3个人，没有客流，他就开始想办法，那个时候只有品牌的电脑才会有售后服务，组装机是没有的，所以他就打出了"让组装机享受品牌机的售后"的口号，每天能卖几十台电脑。你看，这也是认知型创业，后来他把生意做到了学校，做到了周围的同学，他就把自己进货价、销售价、每台电脑能赚取的利润全部告诉自己同学，本来是商业秘密的信息现在反而成了他获取同学信任的利器，所以他的生意就特别红火，这件事当时给了我很大冲击，直到十几年以后，我才把它总结为"互利性阳谋"，然后用在了很多地方，效果特别好。

陈子菁 比如呢?

陈少文 我举个例子吧。有一次我带团出国游学,因为路上讲解圈粉无数,所以坐火车的时候,很多团友就很想和我坐在一起,几个小时的路上我天南海北地讲,大家收获很大,纷纷问我有没有什么系统的课程可以深入学习。结果那一次,周围8个人,7个人现场缴费,效果特别好,但是我也注意到了,坐在我对面的一位团友始终没有表态。从我的观察来看,他并非没有被打动,而是在等待一个理由来做决策。

陈子菁 什么理由呢?

陈少文 比如说,他觉得他年龄大了,再和一些年轻人一起学习,第一没有必要,第二有面子问题。但是如果换个方式合作,可能又找不到合作的点,因为我路上讲的都是人文历史和思维认知方面的东西,离具体工作还比较远。

陈子菁 这只是您的猜测,那有什么办法可以确认吗?

陈少文 有,这就是我的做事心法。我判断他有意愿合作,但可能一直在找一个合适的理由和事项。晚饭后,我就做了一个测试，大家喝了很多酒，我就告诉桌上的团友，如果回酒店休息好了，可以到我房间继续聊。其实我是借此观察，他是真的对我有兴趣还是客套而已。结果，虽然喝了很多酒，本来可以直接休息了，但是他回房间换了衣服，第一个就到我房间来了。我由此可以判断，他对我的认可不是客套，而是真的感兴趣。

陈子菁 好有趣，没有提问，但却了解了对方的心理。

陈少文 对啊，这样我下一步心里就有数了，我就要在聊天中释放多一些信息，让他可以从中去寻找可以合作的点。我要负责的就是把我正在做咨询类服务的事情传递出去，说者无心听者有意，他肯定可以从中选择他认为合适的角度进行合作。结果第二天，他主动找到我，特意问我能不能给他的团队提供咨询服务。你看，在我判断他有意合作但却找不到合作点的时候，我就有意识地主导和推进了整个过程，这就是一次典型的阳谋。

陈子菁 可您并没有告诉他，他还以为是自己抓住了机会。

陈少文 后来我在一些公开的场合把整个过程和他讲了，

他也很开心。你看，只要你不怕对方知道，属于可以公开的计谋，都是阳谋，因为这里没有损害任何人的利益。所以，发心是关键。人生苦短，美好关系纯靠缘分和偶然的话，太不靠谱了，有时候需要我们推一把，所以阳谋在追求事业的过程中不可或缺。

陈子菁 是啊，我以前会觉得这样好心机，所以很排斥。不过这样一解读，好像的确是自己的心理障碍，因为阳谋没有损害任何人的利益。

陈少文 还促进了双方的美好合作，和美好提前相遇，为什么不可以呢？人，要有设计互利性共赢阳谋的能力。毛主席为什么伟大？他把打赢你的方法全写出来，被你看到，还是照样打赢你。比如，《论持久战》，就是提前告诉日本人，我是这么打赢你的。告诉你，你也没有办法翻盘。有一次跨年夜，我做了一个社群活动。事先公布在12点之前，还有最后10个名额可以加入私塾，然后不断倒计时，到11点58开始公布最后一个名额倒计时。最后一分钟是不是有人加入，将决定整个活动的成败，群里所有人都在等待最后一个名额的揭晓，结果11点59分59秒的时候，最后一位成员加入，所有人都非常兴奋，觉得不可思议。在后来的一次社群运营课上，有同学就问我怎么会那么神奇，你怎么确信最后一秒一定会有人加入？我说一切尽在把握，因为我当时手头已经明确得知有人已经决定加入，只是放在最后一刻公布而已。所以，在什么时间公布什么信息都是可控的，但因为有了这一种设计，而让当天的社群氛围特别的好。事后我以此为案例面对所有同学做了一次社群运营的课程，把策划活动的心法全部公开了。我问你，这个活动有没有损害任何人的利益？

陈子菁 没有，但却提高了社群的氛围和活力。我知道为什么很多人没有创意了，因为心理的执念太多，总觉得这个不可以那个也不可以，但都是模模糊糊的道德感，却并没有一个明确的决策标准。我觉得阳谋的标准挺好的，就看你敢不敢公开，有没有损害任何人的利益，如果有，就千万别做；如果没有，就大胆去做。

陈少文 太对了。我在香港做访问学者的时候，学生组队去看我。晚上我们夜聊，谈到律师职业道德问题，我说了一个观点，如果一个案子的服务内容固定，基本上就是会见、阅卷、出庭，预测不会多出什么服务内容，仅仅根据客户的支付能力就提高代理费的做法是违背律师职业道德的，当时就遭到了几位正在做律师的学生的质疑。为了说明我的观点，我举了苹果手机的例子。我说如果一个苹果手机已经摆在了商店里，然后并不标价，完全根据咨询客户的穿着和支付能力看人定价，卖给你 5000 元，卖给他就 8000 元，你觉得有没有违背商业伦理，学生马上说当然违背。我说，那为什么换到律师场景里，你就认为不违背呢？这下学生被问蒙了，马上有人说，因为苹果是产品，而律师提供的是服务，服务是个性化的，不可能事先定价，而且客户的时间价值也不一样，你帮他解决纠纷节省下来的时间可以创造更大价值，所以针对他们服务的定价参照系不同，导致服务价格因人而异。

陈子菁 很有道理啊。

陈少文 乍一听是很有道理，我反问他，这是你的说法，如果客户不认可呢，他根本就是在不知情的情况下，对一个没有本质区别的服务额外支付了超过正常价格 3 倍的代理费。

即便是各自时间价值不同，也需要他本人来确认是否值得，而不是由你单方面决定。所以这里的关键不在于是否可以抬高价格，而在于客户是否知情。如果你把定价的原因和标准告知对方并得到认可，再高的价格都是契约自由的范畴，不涉及职业道德的问题。归根结底是，客户不知情，这些正当化的理由都是律师单方面的自我合理化。

陈子菁　所以不是阳谋。

陈少文　对，不是阳谋，因为你不敢明说。所以主观标准客观化，什么叫道德？怎么判断一件事该不该做？就是想象一下，如果摄像机正在直播，你还敢不敢做这件事？我说了这个标准以后，学生都表示认可，知情这个环节是绕不过去的。所以，我们既不能有道德洁癖，也不能坑蒙拐骗，否则都是做不好商业的。

陈子菁　刚才说的还只是不损害对方利益，更高明的是如何设计共赢结构。

陈少文　熊浩老师曾给我举过一个例子，大意如下。某足球明星要转会 A 俱乐部。明星开价 1000 万元转会费，同时因为自己的名气，希望俱乐部接收的广告费用中，他个人可以分成40%。俱乐部经理则希望把转会费价格砍到600万元，同时坚持俱乐部的广告商业价值是团队创造的，该明星球员应该和其他球员均分，不能有特殊对待。在这场商务谈判中，如果我们没有共赢思维，很可能陷入零和谈判，经理会把对球员转会费的降低看作谈判的成功，却忘了这可能会极大损害球员的积极性，因为他们都不知道如何设计共赢结构。

陈子菁 那应该怎么设计呢？

陈少文 压存量，提增量。什么意思？就是把对方的开价压低，但是设计增量结构，在这个结构中提升对方利益。比如，球星开价1000万元，这个存量价格必须压下去，比如压到底薪600万元，但是同时约定，如果一个赛季中该球星可以贡献超过10个进球，帮助球队进入前三甲，则增量部分可以增加600万元奖金。另外，既然球星认为自己的转会会带来球队商业价值的大幅提升，因而主张广告等收入自己应该分成40%以上，经理就没有必要去纠缠广告究竟应该如何分配更加合理，而完全可以由俱乐部和球星重新成立一家公司，凡是因球星带来的商业广告都通过这家公司代理，费用球星和俱乐部五五分成，而凡是直接找到球队的广告，球星只能和其他球员一样均分收益。你看,通过这样一个设计,就巧妙地解决了利益分歧的问题,设计出了大家都能齐心协力合作共赢的商业结构。

陈子菁　真的好棒啊,我以后要多留意一些商业故事,看他们是怎么设计共赢结构的。

创业行动

创业思维 与 推理
ENTREPRENEURIAL
THINKING
AND
REASONING

对话 10 客户思维
强逻辑论证与参与式说服

怎样高效说服
客户和投资者
？

陈少文 好了,现在你有了一个好的项目,但就是缺乏第一批用户,而且你的产品是2C的,你有什么办法可以拉到你的第一批客户?

陈子菁 和他说我们产品的优势啊。

陈少文 这么说太抽象了。我们一起来看一个视频。这是《赢在中国》2008年的某期节目,一位女士得到了一个面向全国观众当面向国美集团的老板黄总提问的机会,这是一个介绍自己创业项目的宝贵机会。我们看她是怎么把握这个机会的。如果是你,你又会怎么做。(放视频)

李:大家好,我叫……,来自一家特价商情网,想在现场搞一个研究,希望邀请黄总参与到这个市场调研当中。我想请问,国美集团通常都是采取一种什么样的市场广告方式,来发布您的特价打折促销商品信息的?

黄:我们现在采用的应该是报纸比较多吧。因为我们提供的信息量比较大。

李:也就是说,报纸是您现在推广信息的一种方式?

黄:是的。

李:那我想问一下,这么多年您在跟报纸打交道的过程当中，有没有感觉或者是说，您现在对报纸这种平面广告的模式，有没有觉得有什么缺陷或者有不足的地方？

（这个时候主持人打断她："你到底想问他什么？"）

李：我的第二个问题是这样的。如果现在有一个专门以发布打折特价的媒体来帮助您完成这样一种信息的快速传递，我不知道您是否会考虑去选择它？

黄：这个很难讲，要看你们水平如何了？你调查我一个是不够的，即使你这个媒体出来的话，我们也要去论证，要去调查……

李：但是首先从市场需求上，黄总这边是有这种需求的。这就证明我创意的一个成功。我是来自某特价商情网的，今天问黄总也是希望下一步把他拉到我们的客户……

陈少文 看明白了吗？你觉得这位女士推销成功了没有？

陈子菁 肯定没有啊。

陈少文 那你认为她失败的原因在哪里？

陈子菁 我觉得她好像事先准备好了一个谈话的框架，现场特别着急要把对方往自己的框架里硬拉。黄总碍于情面不好表达，但内心肯定非常抗拒。

陈少文 将来如果你有机会直接面见一个非常重要的客户，一定要做两个重要的假定：第一，假定说服他的门槛会很高，必须用更强的逻辑去说服；第二，假定他的时间会很少，必须用更短的链条去说服。"更强"和"更短"，我们用这两个标准来衡量下李总的沟通，你会发现这两点都不符合。首先，她采取了多轮互动的方式进行沟通，这一点是大忌。你在说服一个重要客户的时候，不要总让对方表态，这不但不会形成说服效果，反而会激起对方的防御机制，从而进一步提高说服门槛。而且李总选择的说服策略是步步为营，第一步先问黄总选择的是什么平台，第二步又让黄总表态这个平台有什么问题，第三步推出自己的产品。这三步几乎每一步都是昏招。这是理论逻辑，而不是心理逻辑。

陈子菁 为什么呢？

陈少文 你看，首先从说服结构上来看，李总给自己设计的说服结构分为现状、问题、选项和成交四个部分。但很可惜，这个说服结构表达链条过长，往往还没有到最关键的成交环节，可能就会被打断，或者已经形成排斥心理，让说服难度变得更大。这种线性逻辑是非常以自我为中心的，即便前三步都很成功，也和自己要推销的产品没有任何关系，就是说即便对方有需求有痛点，也未必会选择你的平台，而你宝贵的时间全部用在了和自己产品无关的信息铺垫上了。最可怕的是，前两个问题只有对方做出肯定性的回答才可以推进这个逻辑，但设问的方式让对方不会配合，因为肯定的回答就等于承认自己的错误，这在心理学上是说服效果最差的一种模型。所以，说服很难，难就难在它不但要有强逻辑，还要强心理，必须在选择一个非常强大的逻辑之后，按照对方的心理设计沟通的层次。

陈子菁 我明白了。李总的发问效果不好，是因为：第一，没有找到说服黄总的强逻辑；第二，没有找到说服黄总的好结构。

陈少文 对，如果对方开始对你就有戒备，则第一句话应该是让对方放松，如果对方对你没有特别的感觉，则第一句话应该是强逻辑。而李总却偏偏选择了第三种，就是通过一个不知道具体目的和隐含着不安全感的问题让对方开始警觉,从而埋下了后面情绪对抗的种子,抬高了说服的门槛,变成了双方认知的较量,都想证明对方是错的。这样的推销注定是会失败的。如果说第一个问题是个客观问题,回答起来没有什么风险或者担心的话,第二个问题简直就是灾难。李总一定要黄总亲口承认自己公司之前的媒体选择是错误的,这个问题的设置事实上把自己和对方置于了对立面,情绪在这里开始爆发,而且已经让听者失去了耐心。最麻烦的是,第三个问题还要强行总结,既然有这么多问题,那您是否要考虑下特价网?你注意,这是致命的错误。因为问到现在,无非是证明自己的项目是有市场需求的,可这不是在选择创业项目的时候就应该完成的工作吗?为什么要在自己重要的客户面前证明自己的项目有市场呢?问到第三轮,都没有和客户的需求产生强关联,反而是不断试图证明自己的优秀和正确,难怪后面黄总毫不客气地打断了她。

陈子菁 嗯嗯。那如果是您,您会怎么和黄总沟通呢?

陈少文 别急,我们继续往下看,主持人看到现场有一位从事媒体行业的广告人,分众传媒的江南春,就立即把话筒递给了他,让他用一分钟时间说服黄总选择他们的媒体,来给大家一个正面的示范。我们看他是怎么说的。(放视频)

江南春: 这个不太难。因为家电连锁针对的受众是谁?很明显:很多买家电的人,往往是买了新房子才会去买电。这是主要的购置人群,现在25岁到35岁的人是购买房子的主要族群。我们所覆盖的20岁到40岁之间,月收入在3000元以上的人群,恰好是黄总的主要目标受众;而我们的传播成本,CPM(千人成本)大概是报纸的1/3,相关的市场研究公司有非常多的数据可以证明,所以我想黄总一定是我们的客户。他的很多竞争对手也是(而不是"也会是")我们的客户。

陈少文 怎么样?感觉完全不一样了吧?

陈子菁 真的是啊。虽然话说得少了一大半,但说服力却增加了好几倍。我感觉如果是我,都已经被说服了。

陈少文 那我们来分析下,为什么会有这样的效果吧。你看,面对一个非常自信、时间非常宝贵的大老板,你不要试图通过问题控制他的回答和思路,他们如果能这么轻易被你控制,就不会把生意做这么大了。所以,他放弃了参与式说服的结构,而是直接陈述自己的强逻辑。不过这里虽然没有问答,其实还是设计了情绪的参与。因为这次沟通的目标是立即作出决策，强逻辑就必须从决策模型里去找，你要提前做好准备，一般客户选择媒体的时候，都会重点考虑哪些要素，然后根据这些要素去设计说服的逻辑和结构。你看江南春的思路，他知道客户选择媒体通常就是两个考量：受众和成本。第一，覆盖受众群体是否精准；第二，千人传播成本是否经济。就这两点，可以很巧妙地植入自己平台的优势，然后结合客户的具体情况代入数据分析，就会产生巨大说服力。虽然表达链条很短，但却在最为靠前的位置把自己的产品平台优势表达了出来，而不像前面李总那样直到被打断的时候还没有进入平台信息的推荐，就已经出局了。你看，江南春的结构，他是套层结构而不是线性结构。所以，在时间紧凑、心理地位不平等的沟通中，切忌随意使用线性结构层层推理，最好采用套层结构，用对方的决策要素设计说服结构，把自己的平台优势和对方的相关数据作为说服内容，这样的说服结构必然是说服力倍增的。

陈子菁 原来是这样，怪不得听起来那么有说服力呢。

陈少文 我再画个图，你就更清晰了。以后你如果要去说服重要客户，就往这个表里填充信息就可以了。

客户决策要素	覆盖受众	乙方平台优势
	传播成本	甲方商业数据

陈子菁 黄总后来什么反应啊？

陈少文 这种人非常自信，也很稳重，一般不会轻易表态，因为毕竟还有个尽职调查的过程，不能仅凭几句话就答应下来，但只要他松口去调查，这次沟通就成功了。所以注意，这里不要轻易用问话的方式逼对方表态，这对于那些见多识广的老总是无效的。主持人转头问黄总，江南春说你们一定是他的客户，你怎么看？重点在一定，黄总当然不会直接表态。他的回答很耐人寻味，他微笑着说："我们在选择媒体时的确是这样一个思路。"

陈子菁 回答得好妙啊，既肯定了江总，又没有明确表态是否会采购。

陈少文 我觉得后续黄总一定会和江总合作,你知道为什么吗?因为没有理由不合作。既然覆盖受众比报纸更精准,传播成本又低至1/3,有什么理由不换媒体呢?更何况,你可能没注意,江总虽然没有逼黄总表态,但在刚才的自我陈述中却给黄总植入了一个潜意识。

陈子菁 什么潜意识?我怎么没有注意?

陈少文 第一,他说"相关的市场研究公司有非常多的数据可以证明",这句话避免了拉长表达链条,让听众乏味,这里最关键的不是列举数字,否则就会冲淡下面那句更为重要的信息。你记得他最后说的那句话吗?"我想黄总一定是我们的客户。他的很多竞争对手也是我们的客户。"

陈子菁 哇!

陈少文 你注意最后一句话,貌似轻描淡写,实则重达千钧。一种暗示和隐隐的"威胁"意味。你的很多竞争对手都是我们的客户了,注意他没有说"也会是我们的客户",不是一个可能性,而是一个现实性啊。这句话是有意被放在最后一句,而且非常平淡地植入对方的潜意识之中的。所以我说,江南春创办的分众传媒能够成功不是偶然的。他不但是认知型创业的典范,商业模式的设计具有清晰的认知模型,而且在财务模型上、在客户沟通上都有很多值得学习的地方。你不是很喜欢心理学吗?我建议你不要专门学心理学教材,一定要结合一个商业情境,学习诸如定价心理学、消费心理学、广告心理学这样的内容。

陈子菁 嗯,太有意思了。我先总结总结。说服客户一定要有强逻辑,表达链条一定要短。要根据对方的决策要素设计说服结构,植入对方的商业数据和己方的平台优势,重要信息一定要尽早推出,让对方心理而不是话语参与到说服结构里来,最后给出一个不得不选择自己的理由,但是又不强迫对方表态。

陈少文 没错。

对话 11 产品体系
三级式火箭与抛物线定价

怎样才能实现流量、营收和口碑的平衡？

对话 11　产品体系：三级式火箭与抛物线定价

陈子菁　爸爸，您还记得吗？我上小学的时候曾经有一段时间在微信里开店，用修图软件帮同学修图，每次收费几毛钱，还挣了几十块钱呢。

陈少文　当然记得，这可以看作你人生的第一次创业，你通过它感受了一遍创业的心流，对一些创业认知有了自己的体会，所以我特别欣赏。

陈子菁　可您当时和我说的是，这个生意太小了，还建议我和您合作，在微店里卖您的书，然后协商分配比例，不过我没有答应。

陈少文　对，你当时说："你在我这么大的时候还挣不到这么多钱呢！"我对这句话印象特别深刻。包括之前我出书的时候问你可不可以在扉页上把这本书题赠给你，你也是这个态度，你说，可以倒是可以，不过出名还是要靠自己，哈哈哈。

陈子菁　本来就是嘛。就算您和我合作，来买书的都是你的学生，我又没有发挥价值，挣到钱也没有成就感。

陈少文　对。创业第一目的不应该是挣钱，它只应该是附随目的。可是你后来为什么又不做了?

陈子菁 后来因为弄来弄去就那几个同学,时间长了就没有新鲜感了,总是没有新的客人。而且他们自己也学会开店了,我就把挣到的钱又去买他们的东西,就花光了。所以后来就没有搞了。

陈少文 不错,把挣到的财富变成能量流动起来。不错不错。那这段经历你有什么思考吗?如果让你重新来做,你会有什么不一样的做法吗?

陈子菁 我就想知道,如果你卖一个东西,卖来卖去总是那几个老客户,没有新客人,怎么办?东西定价太便宜倒是能吸引很多人,但这些人往往更挑剔,难伺候。可是定价高了呢,要求反而低,但总收入却上不去,而且每个人的钱是有限的,他再喜欢你的东西,也不可能总是一直买。

陈少文 我概括一下你的问题啊,你是不是想问:如何在流量、口碑和收入之间找到一个合适的平衡点?

陈子菁 嗯嗯嗯,对,大概就是这个问题。今天就聊这个吧。

陈少文 好,那我先给你讲一个真实的故事。有一年暑假,我带一个律师团去欧洲访问,在巴黎卢浮宫的时候,那天天气特别热,足足有40度,大家大汗淋漓,急切地想早点找到入口进入馆内避暑,正在这时,几个黑人小哥看到我们,迎面走了上来,推销手里的旅行纪念品,不过不是卢浮宫的纪念品,而是凯旋门的纪念钥匙扣。价格倒是不贵,你猜我们会不会买?

陈子菁 肯定不买啊,哪有心情啊,纪念品也不对头,在卢浮宫门口卖什么凯旋门啊,而且地方选得也不好,大家都想赶紧参观,一般都是在快出来的时候才会想着买东西,我觉得肯定卖不动。

陈少文 是啊,你分析得很对。可是他们这么炎热的夏天,一直坚持在前广场推销,确实很难卖得出去,但他们似乎没有任何复盘的意识。一直坚持一个错误的动作,但无比勤奋。

陈子菁 这不就是我们之前说的经验型创业吗?没有

认知。

陈少文 对。但是等我们参观完卢浮宫出来以后，又碰到一个黑人小哥，这下可让我开了眼界了。

陈子菁 怎么回事，快说说。

陈少文 因为卢浮宫暑假人特别多，我们在里面几乎艰难地挪动了两三个小时，才算完成了参观任务，和《蒙娜丽莎》有了几十秒的"亲密接触"，大家出来的时候都已经筋疲力尽，导游事先安排我们在博物馆后面的一块绿荫下休息，听我讲卢浮宫里的古典艺术。就在我们朝树荫过去的时候，发现树荫下的一块大石头上坐着一个双手空空、非常热情的黑人小哥,大老远就冲我们兴奋地大喊:"一组,一组到齐了吗?二组,二组集合了!三组没有是吧,那四组点名!"我们听着他那夹生的汉语,已经处在放松状态下的我们都不自觉地齐声笑了起来。不过,我突然开始警觉了起来。

陈子菁 为什么啊?

陈少文 直觉上,我觉得他有些热情过头了,如果只是一般游客,打个招呼就ok。他不断逗笑我们,可能另有目的,但我也不确定,能有什么目的呢,他手里什么都没拿,也不大可能是卖东西,然后我就开始观察。结果,我发现,他在逗笑我们之后,突然从石头后面拿出了一个大包,拉开了拉链,掏出了钥匙扣。

陈子菁 哈哈哈哈,还是卖东西。

陈少文 那我问你,你怎么理解这个动作?一定要善于观察和推理,他为什么要坐在那里等我们过去,而不是迎向我们?他为什么要先逗笑我们,而不是直接推销?他为什么要先隐藏商品,而不是放在胸前?

陈子菁 怕你们警觉呗。用中文拉近心理距离呗。

陈少文 说得没错，但还不够。销售最重要的要素是 location，location，location，地段不好，产品再好也没用。与前广场不同的是，这里大家的旅行目的已经实现，心态比较放松，也处在要带走一个纪念品的心理阶段，心理状态是腾空的，而且在树荫下，人们有可能停下来听产品介绍，有足够的营销空间，至于为什么先隐藏商品，是因为还没有和我们建立情感认同，就不能进入销售环节。所以，先逗笑我们是为了达到情感认同。这一点，就值得前广场的同行好好学习。

陈子菁 哇，情感认同是进行销售的前提。这句话很赞！

陈少文 你看，如果一个人善于观察和推理的话，在生活中是不是随时可以学习？而且效果更好？你记住，做任何销售动作，都要以建立认同为前提，如果产品趋同，就建立情感认同，如果产品差异化显著，就要建立专业认同。所以，销售一定要特别善于把握节奏。

陈子菁 太对了，很多同学说，就是因为喜欢我才买我的东西，其实他们自己也可以修图，原来如此。

陈少文 对,在产品趋同、服务趋同的时候,这个公式是非常有效的。接着,你猜黑人小哥又做了什么动作?他开始直接走向我们团队中的前后两个人,直接掏出一大串钥匙扣,开始推销了。一边推销一边说:"钥匙扣,两元一个,两元一个!两元两元,买不了吃亏,买不了上当。"听着这些熟悉的语句从一个老外嘴里说出来,大家笑得更开心了,这两个人也都掏了钱,买下了钥匙扣,然后开始围坐在我周围,气氛非常活跃。你猜猜,他为什么要在队伍前后各选择一个人进行销售,而不是选择离他最近的两个人?

陈子菁 随机的吧,有什么区别吗?

陈少文 当然有区别。我们团队一共有四十多个人,如果只是找离他最近的两个人销售,那后面的团员因为距离太远,就不会被他的销售气场所覆盖,这个销售的氛围很快就会消失了。但他通过刚才的逗笑环节,已经识别出了我们团队中两个特别喜欢刷存在感的核心人物,知道他们为了活跃气氛肯定愿意购买钥匙扣,所以,他瞬间定位了前后区域中这两个活跃人物,也就是"客户代表",把整个场子就带活了,大家各自围绕一个人形成了椭圆形的两个区域,开始轮流传看钥匙扣。反正我的讲座还没有开始,大家闲着也是闲着。所以气氛一直在持续。

陈子菁 他怎么这么牛,难道真是精心设计的吗?

陈少文 有可能只是直觉。有的人天生就有销售才能。他自己可能都不知道背后的道理,不过直觉很准。我们如果善于总结,讲给他自己听,说不定他还要给你付费呢。我把这个销售技巧称为"意愿浓度"销售法。意思是,一定要把已经购买产品的人集中在一起影响意愿浓度低的人,或者把购买意愿浓度高的人放在一起互相影响完成购买。刚才的小哥如果不是在队伍前后各找了一个意愿浓度高的团员,整个团队的意愿浓度就会因为和小哥的距离远近不同而依次递减,这个销售就很难完成了。所以,你想想,这个知识点可以怎么用?

陈子菁 不知道。

陈少文 如果你在一场大型活动现场进行销售,你是让你的会员,也就是已经购买了你的产品、你品牌的忠实用户集中坐在前两排,还是让他们分开坐在人群当中?

陈子菁 哦明白了，分散坐。这样其他人如果对产品感兴趣，他们可以随时介绍和推销产品。

陈少文 聪明。那如果大家都没有购买过产品，都处于观望状态，但是购买意愿浓度各不相同，有的只有10%，提起了一点兴趣，有的已经到了90%，就差最后临门一脚就可以成交，那又应该怎么做呢？

陈子菁 把他们分开？

陈少文 对，我会专场，把意愿浓度高的人集中在一个较小的会议室，再让他们互相影响，完成销售，否则意愿浓度低的人会把他们的意愿稀释。你看，这些都是我在卢浮宫这次游学中得到的启发。

陈子菁 哇，太厉害了，继续讲这个黑人小哥吧，他后来又做了些什么？

陈少文 他卖完两个钥匙扣，挣了四欧元以后，并没有结束。我其实早就预感到了，所以我当时就大声提醒所有人："大家注意，大家注意，他还有其他产品，三级火箭，三级火箭!"这个时候我已经比较确信他是有套路的,而且很可能已经设计了一个完整的产品体系,在层层推进,我感觉到今天遇到高手了。

陈子菁　什么叫三级火箭啊?

陈少文　就是梁宁老师的产品思维课里推荐过的一个重要的理念,意思是,你的产品设计应该分为三个层级:第一个层级是流量级产品,第二个层级是爆款产品,也就是帮你实现财务数据的主打产品,最后一级是你的品牌产品。品牌产品不要期待它带来多少销售收入,但它代表品牌形象,一般定价比较高,一定要有这样一级的产品。一个公司应该完整设计好三级火箭的产品结构。比如,得到 App 每天的免费音频就是一级产品,主要是吸引流量的入口,各类定价 199 元的音频课程是二级产品,是实现财务目标的主打产品,而线下的各类培训课程和企业端服务则收费较高,是代表品牌价值的三级产品。所以,按照这个逻辑,我推测小哥肯定还有后续动作,我话音未落,他果然掏出了一大串钥匙扣,开始推销:"这个便宜,这个便宜,一元六个,一元六个。"你看,二级产品登场亮相了。

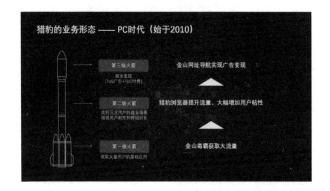

陈子菁 这个我知道了,刚才两欧元一个的钥匙扣只是铺垫,目的是让大家感觉现在这个产品更便宜。

陈少文 对,这叫锚定效应。在我无法给一个新产品定价的时候,或者你无法迅速传递定价合理这个信息的时候,往往给消费者事先确定一个锚定的产品,可以迅速传递出主打产品性价比高的信息。所以,大家肯定就控制不住了,纷纷掏钱开始买,有的甚至说没有零钱我送你。就这样一来二去,短短几分钟的时间,几十欧元就到手了,因为大家也确实需要带回去送给同事朋友一些纪念品,这样一次搞定,价格又合理,没有理由不出手。我觉得,这几分钟,他就完成了全天的销售任务,接下来,可以去晒太阳了。但是前广场的那几个小伙子还要继续熬到晚上。你看看,这就是认知性创业啊。

陈子菁 果然有没有认知，差别好大啊。勤劳致富是骗人的。

陈少文 前广场的那个人和这个小哥一样的勤劳，但却并没有赚到相同的钱。而且，一般人会认为前广场小哥卖不动的原因是产品不对路，在卢浮宫卖什么埃菲尔铁塔啊。但后广场小哥卖的也是这个啊！认知差才是财富差的关键原因。好，你既然知道了三级火箭的理论，你能不能预测下，这个小哥现在会收手走人吗？

陈子菁 肯定不会，不是还有一个品牌产品吗？

陈少文 对。你从此以后就可以预测别人的销售行为了。果然，他在完成销售任务后，还是没走，又从包里掏出了一个巨大的凯旋门模型："这个，十五欧元一个。"

陈子菁 这么贵？

陈少文 对，这就是身份和品牌的象征了，不期待一定能卖得动，但第一，象征品牌价值，第二，万一卖出去了，就是意外收获。无论是否卖得出去,一个完整的产品矩阵结构但一定要有品牌产品。

陈子菁 这个小哥太厉害了,感觉他上过商学院。

陈少文 这种直觉型优秀很难得,如果他能够总结出来方法论,会更优秀,也可以做更大的生意。当然,他的销售闭环做得不是很好,比如可以在临走的时候用我的手机和我合拍一个搞笑的抖音,然后我肯定会转发给大家,形成转发和网络营销,这样一来,他每一次的销售行为都可以形成沉淀,大家的朋友都会把这个小哥作为观看卢浮宫之后的一个固定景点,也就从此形成了品牌效应。不用每次都从头开始建立认同,这样的商业逻辑就会越做越轻松。总结总结吧,这个案例你有什么收获?

陈子菁 收获太大了。情感认同是销售行为的前提,要选择意愿浓度高的客户代表,产品要有三级火箭设计,还要有销售闭环形成品牌沉淀。我还想重新开店,再体会体会这几个点。哈哈哈。

陈少文 对,学到了东西,就要马上去走一遍心流和体感,才能内化成自己的东西。现在回头看你刚开始提出的困惑:流量和销售的问题,你认为解决了吗?

陈子菁 解决了一部分。至少我知道了,要通过环境空间的选择、免费产品的导流等解决流量问题,然后通过客户代表和三级火箭解决销售的问题。

陈少文 对。这个案例里,小哥就是通过销售地点的选择解决了流量的问题,无论前广场有多少人,看完展览都会选择在树荫下休息,他以逸待劳,坐收流量出口,还可以打造网红景点给社区引流。比如,一度滞销的阿那亚社区,自从建立了孤独图书馆这个精神建筑以后,带来了几个亿的网络点击量,从而带动了主营产品文旅地产的销售,都是这个原理。

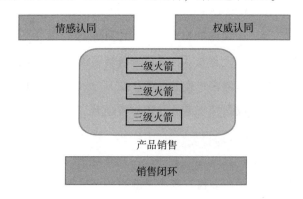

陈子菁 那一旦把人吸引过来,这些人要成为你的忠实客户,这个价格要怎么定呢?定低了,什么人都有,各种挑剔;定高了,又怕吓走很多人,赚不到钱。

陈少文 这些问题情况千变万化,答案也没有统一标准,但我给你讲一个知识社群的玩法。你来看看,群主是怎么样通过巧妙的定价体系设计实现这两者的平衡的。为了叙述方便,我权且叫他 Tony 老师。Tony 老师自己组建了一个知识付费社群,只针对粉丝,每人每期学费两万元。运营了一段时间以后,Tony 老师发现了一个很棘手的问题,为了让老学员有一种增值感,每年学费都要递增,但是学费涨价的连锁反应是,一些出于经济原因无法继续跟随的学员不愿说明不续费的真实理由,导致 Tony 老师无法判断究竟是知识内容无法满足学员需求还是学费标准让客户无力承担,如何能够准确区分出这两类客户,并让粉丝不至于因为经济原因而掉队,同时也能保证学费门槛不降低,确保其对粉丝意愿浓度的筛选功能,还要实现营收任务,这几个几乎是相互矛盾的目标摆在眼前。Tony 老师也一筹莫展,不知道如何解决?你有什么好办法吗?

陈子菁 降价?但那样的话老学员会觉得社群价值在贬

值，而且似乎销售乏力，也会没有社群的自豪感，这个方法肯定不行。可涨价也不行啊，很多意愿很浓的老学员也无力继续跟随了。确实很两难啊。

陈少文 后来Tony老师找到我给他设计方案，我给他出了个主意，巧妙地解决了这个问题。这个方法叫"抛物线定价体系"，是我独创的。

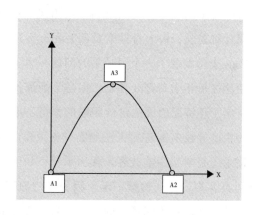

陈子菁 怎么设计的啊？很好奇。

陈少文 你首先把定价体系要实现的目标列出来：第一，得让老学员有自豪感和增值感，不能越来越便宜，不能损害老客户的利益，包括情感利益；第二，得让新学员仍然有较高的学费门槛；第三，得让续费情况体现真实意愿且不会发生信号扭曲，比如仅仅通过不续费很难确定是因为服务内容不满意还是支付能力不匹配；第四，还要实现预期营收，甚至突破增长瓶颈，挖掘客户潜力。所以我设计了一个抛物线的会员定价体系，打破了要不要涨价的二元对立。

陈子菁 抛物线定价？是先涨价后降价吗？

陈少文 真聪明。这个方案的提出是基于一个创业的底层思维，就是永远不要提出一个二元问题，一旦陷入二元思维，提出的往往是一个伪问题，当然也就很难获得正确的方案。你看，涨价还是不涨价，降价还是不降价，都是二元思维。首先你就要跳出来，而跳出二元思维最好的办法就是加个时间轴——先怎样后怎样。比如我问，家长发现孩子犯了个大错，是单独去谈还是全家一起？这就是二元思维，怎么跳出来呢？先让母亲去谈，然后在孩子情绪平缓后，让孩子主动去找父亲谈，最后全家一起吃顿大餐结束。就是富有智慧的处理方式。

陈子菁 我知道了，原来您和我妈一直都这样对付我，哈哈。

陈少文 你说有没有道理？这样效果肯定更好嘛。迁移到商业中来，也是一样的道理。我们看看能不能先涨起来，再降下去。

陈子菁 不是说他们没钱吗，涨价不是更没钱，将来降价的做法解决不了眼前问题啊。

陈少文 这个问题，预付就可以解决。我给 Tony 老师设计的收费方案是：阶梯式抛物线型会员价格体系。可以看这个表。

年级	学费（元）	折扣	预付（元）	实付（元）	节约	合计节约（元）
一年级	20000	无	20000	20000	0	
二年级	21000	无	20000	20000	1000	
三年级	22000	无	20000	20000	2000	
四年级	23000	无	20000	20000	3000	
五年级	24000	八折	20000	16000	8000	56000
六年级	25000	七折	20000	14000	11000	
七年级	26000	六折	20000	12000	14000	
八年级	27000	五折	20000	10000	17000	
私教	100000	无	100000	100000	0	

陈子菁 我就看到了合计节约几个字，好像省了很多钱的样子。

陈少文 对，这就是这个方案最大的亮点。我来仔细分析下。我给他的课程体系设计了八个年级，以四年级为抛物线顶点，实际上这个是经过测算的，从学员普遍支付能力和已支付情况来看，四年级一共支付的数额在十万元以下，再超过的部分就会有些吃力。另外，很多忠粉已经交纳了四年级全额学费，所以以它为顶点设计比较合理。这样一来，前四个年级学费逐年递增没有折扣，但到了五年级以后学费就逐渐递减了。你知道这是为什么吗？

陈子菁 因为他们已经跟了很久，确定是老客户，对他们进行优惠是老客户至上的理念。而且，已经通过学费自动筛选了这批人，可以保证品牌忠诚度。

陈少文 没错。所以优惠不能随便给一些没有经过筛选的人群，他们也不会珍惜，对于那些愿意跟随到最后的老客户，要把他们的福利给到极致，这样做第一会让他们觉得尊贵和自豪，有社群归属感，第二会激发有潜力的客户尽量续费，因为前期无折扣都已经跟了下来，以后压力只会越来越小。直到所有产品一律五折,就更无压力了,这对于很多有意愿却没有支付能力的学员,是一个天大的好消息。但凡可以克服的,他们一定会选择继续跟随。而这一批本来其实是会流失的,所以不要看后面便宜了那么多,其实还是增量。如果没有这个方法,你既失去了客户,他们也失去了你,大家都很遗憾。所以,所谓缘分也要靠一个好的机制才能维系。

陈子菁 哇,不说还真看不出来。要是我,我也会继续,都到这个时候了,福利来了,我没有理由退出。

陈少文 所以你看,这个方案执行的后果是,能不退的就不退了,而且既然不退,你会选择五年级还是八年级?

陈子菁 当然是八年级了,没有选择五年级的吧?

陈少文 对,选择五年级就是逻辑不清晰了。既然继续,肯定是八年级,事实上的销售数据也说明,几乎70%以上的人选择了八年级,而本来这些人很多可能是会流失的。所以从财务上来看,其实这部分都是增量。你记住,不要总觉得新客户是蓝海。不是的,老客户的时间轴就是蓝海,不要浪费时间去开辟那些对你还没有认知和信任的人群。永远坚持给老客户提供价值，你值得拥有。只要他们愿意把自己的知识付费的支出全部给到你的产品，只要他愿意把自己知识学习的时间全部给到你，你就不必去开辟所谓的蓝海市场，这样就可以一直坚持小而美的创业规模。

陈子菁　嗯嗯，通了通了，原来这才是小而美的商业逻辑。对了，如果连后面这些折扣的费用都出不了呢？这里的预付是不是说可以先付两万元，然后剩下的慢慢还？

陈少文　对，为了减轻大家的当下压力，我还帮 Tony 设计了预付机制，只需要预付两万元，就可以达到两个效果：第一，锁定价格不再涨价，折扣也只根据最早的价格计算，而不是根据涨价后的价格计算折扣价，这对学员绝对是一大福利。第二，预付期限可以自己根据经济状况自行安排，在五年内付清，转移通胀压力。第三，随时可以无条件取消预订，决策毫无风险。你看，多么人性化，所有想跟的人，听到这里都会第一时间转款，生怕这个福利失效，因为已经毫无压力了。这样的设计就一下子筛选出来那些愿意终身跟随的学员，不会发生信息扭曲了。这样做既可以锁定学员的终身学习时间，又可以锁住他们学习方面的经济投入。这背后其实也是用户等于时间的客户思维。

陈子菁　对啊。但 Tony 老师不是暂时收不到这笔款？

陈少文　你要这样想，本来这笔款压根就收不到，这是增量，是制度设计产生出来的溢价，而不是你本来应收的款项变少了。这是思维的重大差异。这个制度一经推出，听 Tony 老师说，短短的半天时间，他的群里就讨论疯了，大家纷纷计算最省钱的玩法，那些本来犹豫的人也被带动了。所以，几乎80%的人选择了预定八年级，坚持跟随到底。你看，一张表，可以让客户进入福利计算模式，而一旦进入这个模式，基本上一种双赢的局面就实现了，这就是抛物线定价会员体系的优势。

陈子菁　好玩好玩，终于理解什么叫破二元了。先涨价再折扣给福利，预付分期解决支付压力，服务好老客户才是蓝海。这节课信息量好大。

陈少文　是啊，内容够你消化的了，更详细的内容以后带你上我的创业课，那里面讲得更详细，现在你只需要有一些基本观念就可以了。好了，我们都休息休息，这节课可够累的。

陈子菁　休息休息。

对话 12 社群文化
生物型演化与老客户至上

怎样才能让客户
永远不离开你
？

陈子菁 爸爸，上节课不是聊到我小时候开店的经历吗？后来我发现，来下单的翻来覆去就是那几个人，因为没有新东西卖，所以他们很快就没有新鲜感了，但新顾客又很少，后来我也找不到什么新产品，所以就把微店关了。您觉得，从这件事里能不能总结点什么？

陈少文 当然可以。营销界有个说法，如果你这辈子有2000个愿意购买你产品的忠实粉丝，你这辈子就可以衣食无忧，根本不需要拓展所谓的市场。你开过店，事情虽然很小，但道理是相通的。你要么加快新产品的研发速度，让客户可以一直复购，要么不断拓展新客户，但现在获客成本越来越高，建立品牌信任又是一个过程，所以生意特别不好做。我问你一个问题，你觉得什么是客户？

陈子菁 就是购买你产品或服务的人啊。

陈少文 所以客户是人对不对？那我问你，如果客户是人的话，微信说自己有5亿用户，滴滴说自己有2亿用户，京东说自己有4亿用户，这所有公司加在一起，用户已经超过中国总人口好几倍，你怎么理解这个现象呢？

陈子菁 各算各的呗。

陈少文 这样理解太浅层了。《俞军产品方法论》里有一个特别牛的洞见。他觉得,客户不是指自然人,而是指自然人的需求。所以,其实你的客户是一份需求。只有这样理解,你才好解释为什么同一个人可以同时成为几十个公司的客户,因为他身上有各种需求被各种不同的产品满足,所以可以同时成为各个公司的客户。这本来是一个并不复杂的发现,但是却可以从中推出很多厉害的商业观念。

陈子菁 比如呢?

陈少文 最典型的比如律师行业,传统的观念一直认为律师就是帮客户解决法律问题的,所以当事人走进律所的时候,我们肯定会把他看作是一个客户,背后是一个具体的案件。这本来没有什么错,但在代理案件的过程中,我发现律师经常对当事人的各种电话非常排斥,他们往往告诉当事人,既然委托了我,就要信任我,不要总是打听案件进展,如果不信任我,可以另请高明。

陈子菁　说得也没错啊,有问题吗?

陈少文　你结合我刚才说的观念对比一下,这是因为你单纯地把客户当作了自然人,他的案子解决好就是律师要做的所有工作。但是,任何一个处在具体纠纷中的当事人,其实内心都非常需要抚慰,这也是一个相当大的需求。也就是说,一个案件,其实有两个客户,一个是案件客户,另一个是心理客户。前者我们往往非常擅长处理,而后者大多数律师其实是拒绝面对的。而后者恰恰构成了一个律师软实力的重要组成部分,那些把心理需求照顾好的律师,往往可以取得客户的信赖,并形成了更多的案源推荐或好的口碑。所以才会出现有的案件败诉,但当事人仍然给律师送锦旗;而有的案件胜诉,律师却被当事人投诉这样的事情。这在公司业务中体现得尤为明显。

陈子菁　嗯,就是律师心里多了一个心理客户。

陈少文　带着这个观念去重新梳理自己的工作流程,其实可以清晰地区分出两条业务线索,案件服务流程和心理服务流程,案件客户和心理客户都要兼顾才能够和别的律师有差异性和唯一性。而在同质化竞争如此激烈的当下,服务水平的高低更多时候其实体现为心理服务的程度。所以一个当事人走进我的办公室,在我心里,其实已经分出了两个客户了,这个心法非常重要。所以,我认为,律师有两种营销模式:一种是以案件为中心的营销,只要把案子做好,只要结果好,其他我不管;另一种是以客户为中心的营销,把客户心理服务好,过程一样可以产生价值。你看,政府法律顾问往往不会炒作案件,因为他们是以客户为中心的营销模式。一旦客户不爽了,所有需求都跟我没关系了。但是,刑辩律师可能就不一样,因为一个客户不太可能总是有刑辩的需求,所以他们容易形成以案件为中心的律师伦理,很难通过一次案件成功辩护获得下一个案源。所以刑辩律师喜欢宣传甚至是炒作自己,所以容易忽视心理客户。

陈子菁 其实也就是服务态度要好。

陈少文 还不能这么简单地理解,服务态度仅仅是一种对自己的提醒,背后没有理论基础,客户是需求,心理需求也是客户,这才是建立一整套服务方法论的底层观念。商人如果仅仅关注产品的竞争，在同质化竞争激烈、创新日益困难的当下，靠产品迭代以及广告宣传赢得市场拓展的难度在日益增大，从服务口碑上突破已经成为一种商业新常态，所以必须树立这样一个底层观念。如果把客户定义为自然人，那么就自然会有获客成本这个概念。因为要让更多新人认知你的品牌，你的产品。但如果把客户定义为需求，获客成本就可以为零。你知道著名的文旅地产阿那亚的获客成本和营销费用在整个营收中的占比吗？猜一下。

陈子菁　30%？20%？10%？不能再低了吧？

陈少文　真实的数字可能你都难以相信，1.8%！而且这个数字还包括卖房子的佣金。所有广告营销费用含佣金加在一起是1.8%！几乎和没花钱一样。我曾经上网搜过他们的房产销售信息，可是阿那亚的网络主页里全是阿那亚的精神建筑、社群活动，找不到任何销售信息。这个地产项目完全靠老业主的复购和推荐就基本销售一空，这两项指标在阿那亚都达到了90%。这在地产行业里面是非常罕见的，金山岭项目两天卖完800套别墅，全是老业主。所以我问你，他的获客成本是多少？他的客户是谁？如果是自然人的话，是不是地产公司就要不断地抓新人进来销售？我们有多少人是把目标瞄向新的市场群体，不停地割韭菜，割完以后换个地方接着割。但是阿那亚的底层逻辑就是用户不是自然人，而是需求，只要挖掘他不同维度的需求，根本不用拓展市场，新产品一样卖得出去。

陈子菁 如果客户是需求，心理需求就是最重要的客户，服务就有了理论依据。京东和滴滴也就不是在抢用户，而是在挖掘同一个客户身上的不同需求。

陈少文 然后企业之间也就可以有更多增量博弈，而不是存量竞争了。所以，这个思维非常重要，但我今天不仅仅想和你说这个，我还要继续往下深挖一步，我觉得客户的本质还不仅仅是需求，而是时间。

陈子菁 这个听不太懂，为什么是时间？

陈少文 比如说知识付费，这个赛道要抢夺的客户不是自然人，因为刚才讲过了，真正的客户是需求，是网民希望通过高效方式进行碎片化学习的需求。但我们还可以换个维度，在网民工作和休息之余，知识付费的服务其实在和其他类型的服务抢夺国民的剩余时间。知识付费的赛道其实是一个时间市场,而知识付费内部的竞争其实抢夺的也是全体国民的知识学习时间。比如,一个北京人一年有1000个空余小时,阿那亚切割的就是这些人的度假时间,只要你把度假时间全部花在阿那亚,就会自然产生消费,商业价值就是时间市场的价值。从这个角度来看待商业的话,一个人从早到晚睡觉,他一天能分成多少种时间,这里面全部都是商业机会。我举个例子,洗漱时间是不是诞生了牙刷和牙膏这两项产品?睡觉时间是不是可以产生慕斯这个品牌?你用时间维度重新思考一下,有哪些时间段还没有产品?

陈子菁 赖床时间。

陈少文 哈哈,很好。你可以根据这个思维去设计赖床时间的产品和服务,所以你看,这个产品设计针对的其实就是客户的时间市场。这个思维可以批量产生新的商业赛道和新的商业物种。你完全可以用客户等于时间这个思维模型,把一个人一天的剩余时间划分为25个部分,把时间维度上还没有的产品全部发明出来。比如,亲子教育这个赛道,现在大家切割的都是孩子的教育时间,所以产生了大量的补习班,还有一大块亲子陪伴时间,却没有品牌出现。如果我去做亲子市场,我就会针对陪伴时间去设计产品,具体不在这里展开讲了。

陈子菁 嗯对，我们学校开运动会，亲子项目都是最早几秒钟抢完的。

陈少文 从这个角度来看，《得到》和《樊登读书》是不是竞争关系？不是，因为他们首先要联手塑造一种终身学习、碎片化学习的观念，把国民剩余时间市场抢到知识付费的手里来，把整个国民阅读时间给提高，在更大的结构里去争夺时间市场。从这个角度来看，大家其实是战友，所以《得到》公开自己的产品手册的行为就可以理解了，只有整个行业知识服务水准提高了，才能更有效地争夺国民时间市场。然后市场占有率也不再根据营业额测算，我们完全可以根据产品占有用户的时间比例来计量市场占有率。如果你的度假时间都被阿那亚占据，你的学习时间都被少文私塾占据，你就没有别的时间去竞争对手那里去消费了，这就是对客户的一种崭新理解。

陈子菁 嗯嗯，懂了，客户的本质是时间，但是这个和拓展市场有什么关系呢？

陈少文 当然有了。你想想，如果你能提高产品对客户时间的占有率，还需要不断拓展新的市场，获得新的自然人客户吗？当然不需要，只要客户愿意把他的度假时间、学习时间终身投放在你的产品上，就不需要去拓展对你没有任何了解和认知的新客户。换句话说，老客户的时间轴才是你真正的蓝海市场。老客户是存量，老客户的时间轴就是增量。你是要做一个有200个粉丝1000万元收入的社群，还是要做一个有1000个粉丝200万元收入的社群呢？与其不断让新人认识你，接受你，不如让老用户离不开你。甚至，他们的下一代，时间轴的延长线，不也是你真正的蓝海吗？着眼于不断寻找新客户的商业模式其实底层思维还是把用户等同于自然人，所以才会有所谓获客成本这样的概念，而如果我们把思维转变过来，把客户理解为时间，就会把客户至上作为自己最神圣的企业价值观。

陈子菁 这样的客户有一个是一个。用户关系不是一次性的。

陈少文 是啊。我给你看幅图啊。你看，这是阿那亚这个临海社区的俯瞰图，看到那一排最高的四栋楼了吧，那是阿那亚第二期的楼盘。但是后面几期就再也没有这样的高楼了，都是别墅或小洋房。你可不可以推理下，为什么单单第

二期盖了这么多高层？

陈子菁 盖这么高，肯定是为了看海吧？

陈少文 说得没错，但你想过没有，后来的几期离海更远，为什么再也没有开发这样的高层了？

陈子菁 因为后面的房子不再强调看海？

陈少文 是的，第一期房子入市后卖得很惨，当时周围配套都不健全，唯一的卖点只能是看海。第一期卖不好，第二期还得继续吆喝。当时第二期的楼盘广告语是这样的：北京男人的后花园。你听听，第一，北京男人，是在定义自然人客户；第二，后花园，是在定义客户的需求。因为当时仍然没有找到更好的卖点，主打的卖点仍然是看海，所以才会把房子盖得都能看见海。但是我们都知道，阿那亚真正火起来是因为海边那个孤独图书馆，一上网点击率就几个亿，一下子带来了流量，房子好卖了，后面就再也不需要强调自然景观，而是改为强调精神需求了。这就是低级产品卖功能，高级产品卖情感，你看，阿那亚在第三期以后开始找到了客户的情感需求，最后成为全国四大神盘之一。所以说阿那亚的成功秘诀，就是精神建筑和社区文化。

陈子菁 这恰好证明了您刚才说的，第一个阶段，阿那亚对客户的理解还是自然人，所以营销手段就是不断拉人来看房。第二个阶段，阿那亚开始从需求角度定义客户，所以建造了孤独图书馆，终于通过一系列精神建筑抓住了客户的精神需求，最后获得了成功。

陈少文 是啊，对了我顺便问下，你猜第二期高层和孤独图书馆，哪个建在前面？

陈子菁 按您刚才说的，既然第二期都是高楼，卖点肯定还是看海，这说明当时体现精神需求的孤独图书馆还没有出现，第三期以后不再建高楼，说明精神建筑开始成为卖点了，所以，应该是孤独图书馆出现在第二期高层之后。我猜得对吗？

陈少文　我当时带着这个猜想去问了阿那亚的工作人员，他们给我的答案是，图书馆是2015年4月建成的，二期是2016年8月建成的，我当时感觉有些失落，自己的推理没有得到验证，但逻辑上是没有问题的，所以我又追问了一句，那二期和图书馆哪个设计在先？对方回答，是二期在先。

陈子菁　也就是说，我的推理是正确的了？

陈少文　是的，推理满分，也和现实相符。怎么样？带着这种思维去体验阿那亚的客户思维，很有意思吧？

陈子菁　哈哈，有意思，有意思。

陈少文　那我们继续分析，阿那亚在经历了把客户等于自然人，和把客户等于需求两个阶段以后，其实就不需要去盲目地投放广告了，因为没有精神需求的自然人根本不是你的客户。北京200万名中产阶级并不是我要营销的对象，只要我能找到中间 1000 个人形成初始购买，后期不断满足他的精神需求就可以了。但这仍然会带来一个"瓶颈"，就是阿那亚位于北戴河，是著名的避暑胜地，整个社区的商业只有在旺季时才非常火爆。而在冬季，几乎没有什么客流，这就对物业、社群、活动资源等造成了极大的浪费。而且，如果阿那亚想进一步扩大商业版图，就必须进一步转变客户思维。这就到了客户思维的第三个阶段，把客户等于时间。阿那亚是怎么思考这一问题的呢？第一，不再关注新的自然人市场，所以上海人、深圳人，都不是我关注的对象。第二，不再仅仅关注精神需求，即便在阿那亚社区建造再多的精神建筑，老客户也不可能为了这些建筑在同一个社区反复购买，因为冬季市场仍然没有得到有效开发。但是，如果我们把客户理解为北京文艺青年男女的度假时间的话，问题就迎刃而解了。因为他们夏季度假时间交给了北戴河的阿那亚，冬季度假时间同样可以交给阿那亚的第二个地产项目，这就是阿那亚三亚项目的由来。还是那批老客户，只要他把全年的度假时间都给阿那亚，项目逻辑就成立了。

陈子菁 这个例子太棒了。北戴河的阿那亚项目只能解决北京人的夏季度假需求，三亚项目解决他们的冬季度假需求，占据的就是他的度假时间市场。

陈少文 对，客户不是北京人，也不是北京人的精神需求，而是北京人的度假时间。仅仅这一个思维，就足以支撑一个价值一百多亿元的项目运转。你的寒暑假两次度假时间都被阿那亚包了，这个钱就可以源源不断地挣下去，我就只挣北京人这批老客户的度假时间。从时间维度理解服务理念，这种认知太厉害了。我问你，假设你的学习时间都被私塾占据了，形成了依赖，它所有的学习性投入就都是你的收入来源。所以，什么是有效服务，就是占有客户的时间，以时间为市场份额的重要计量标准，这就是品牌忠诚度的另一种解读，也是新的商业思维的底层逻辑。我可以再给你举一个国外的例子，这是加拿大安大略省葡萄酒理事会的故事，他们找到一家广告公司，希望后者可以提升其 VQA 认证葡萄酒的销量。

陈子菁 什么是 VQA？

陈少文 VQA 是酒商质量联盟英文的缩写，VQA 葡萄酒是由独立机构认证的 100% 由安大略省原产的新鲜葡萄酿制而成的葡萄酒。但是，向普通消费者解释什么是 VQA，信息传递的成本极高，很多人甚至根本不关心什么 VQA，试图通过教育市场经过 VQA 认证的葡萄酒质量更好这样一个营销策略肯定吃力不讨好。

陈子菁 那应该怎么营销呢？这是他们的最大卖点啊，如果不宣传，岂不是更没有吸引力？

陈少文 问题是你刚才的思维方式里有一个潜意识，就是你希望拉拢新客户来购买，所以才会有这样的策略路线。但你有没有想过，广告公司在预算有限的情形下，如何帮助客户直接实现销量翻倍的目标？

陈子菁 老客户！

陈少文 对了。这批人是不需要接受市场教育的，更不需要进行观念植入，你只需要给他们一个再购买一瓶的理由就可以了。这才是四两拨千斤的营销思路，老客户至上！而不是获取新客户。很快，他们就确定了营销思路，如何说服VQA粉丝们每年多买一瓶葡萄酒。研究发现，这些老客户往往是在家里私下享用该款酒，但在社交场合却很少和朋友分享，因为他们害怕朋友会议论为什么不选择加州红酒或意大利红酒。如果可以把喝酒的场景拓展到他们的社交场合，就可以完美实现这一营销目标。所以，广告公司策划了一个活动，发动粉丝参与了一场讨论，话题是："如果可以举办一场指定 VQA 葡萄酒的派对，会怎么样。"在这场讨论结束后，广告公司找到了无数可以说服老客户在社交场合推荐 VQA 葡萄酒的思路和话术，营销方案也就水到渠成地获得了通过，最后的结果，很不错。

陈子菁　我好像知道我自己该怎么做了。

陈少文　真聪明！

对话 13 管理艺术
授权即容错与冲突即时机

为什么员工犯的错要我承担责任?

陈少文 如果你的团队成员做事的时候犯了错,该不该惩罚他?

陈子菁 当然该啊,奖惩分明啊。

陈少文 如果他的工作是一份创造性的工作,做不好要被惩罚,谁还会去创新呢?如果他做的事是你授权的,出了错,你惩罚他,谁还会积极地干活呢?

陈子菁 那难道不惩罚?出错当没看见?

陈少文 我来举个例子,你看看应该怎么处理啊。有一家销售医疗器械设备的创业公司,老板自己负责开拓市场,经常外出应酬,谈的单子就丢给公司的财务和员工具体处理后续。这天,某领导打电话让老板陪个标,按说平时这就是个顺水人情,帮他走一个形式,万万没想到,因为老板接到这个求助电话的时候正在外面应酬,就直接布置给了财务做表,那个时候正好是周末休息时间,财务正在外面办事,就直接用手机把表格给填了,但是把价格搞错了,把单价当成总价了,老板因为在应酬,也就没有仔细看,直接转发给了配送公司,采购在办公室也等着价格表,结果因为报价很低嘛，就中标了，结果原来要中标的公司没有中标，这就把领导给得罪了，他打电话来质问老板是不是恶意投标。自己这边亏了钱不说，还里外不是人，扣去配送费损失应该在3万元左右，算上本来的利润差不多一共损失7万元左右。你说这个责任应该由谁来承担？

陈子菁 当然是会计了，她就负责这个的，这是她的本职工作啊。

陈少文 我们不谈陪标是否合法，问题是这个本来不是会计要干的事。休息时间，又是分外之事，那天她正在外面遛狗，说要回去仔细计算，老板因为急要，当天下午3点才接到电话，第二天上午9点就要开标，很急，所以就让她用手机直接办理。如果你要会计承担责任，那我问你一个问题。对于一个创业公司来说，往往分工不会那么明确，人手不够的时候，大家其实没有那么清晰的职责界限，而且在这种模糊的合作边界中其实是有利于打造凝聚力的，如果你惩罚了会计，以后谁会愿意接受临时性的分外工作？这个案例里的会计，已经在别的项目里忙了几个月了，这件事完全是分外之事，是帮忙的，但她从来没有说推卸责任。就算这件事情她现在处理不了，也会说"这件事交给我，我来找谁来解决这个事情"。昨天这个事情确实是一个失误,既不是态度问题,也不是能力问题,就是对项目情况不了解,你怎么处罚?

陈子菁 那就当花钱买个教训吧。这次就老板自己把钱垫了,以后告诉大家要再认真些吧。

陈少文 这是老好人思维,但不是管理者的思维,因为这种处理方式其实主要考虑的还是人情面子问题。你想想看,一个私募基金,手里管着500个亿的资金,如果像你刚才说的那样处理怎么办?一个投资失误,就会损失10个亿,那个时候你还能帮员工承担吗?一个员工出错,你帮他承担,要是你管理的是10万人呢?每个人犯了错都由你来承担?如果你真的能意识到这一点,将来你就可以管理更大的公司。事情有大小,思维无分别。我们只有在小事上磨炼自己的思维,才能在大事发生的时候举重若轻,甚至举重若无。这件事发生后,关键不在于由谁来承担责任,而在于你如何认识责任承担的底层逻辑。在组织管理当中,有一项非常重要的原则,就是"冲突即 timing"和"授权即容错"。

陈子菁 什么叫"冲突即 timing"啊?

陈少文　你害怕冲突吗？

陈子菁　有点。

陈少文　你有没有想过，对于一个国家、一个社会、一个组织、一个家庭，冲突才是社会治理和文化建设的 timing？比如，对于个体而言，没有病毒就不会产生抗体；对于家庭，没有吵架就不会产生家规；对于社会而言，没有纠纷不会产生法律；对于国家而言，没有辩论就不会产生共识。同样，对于一个企业而言，没有犯错就不会升级流程。如果我们认可一个组织不可能从诞生之日就是一个完美的状态，它必然在演化中完善，就应该承认冲突和错误恰恰是这种演化的内在动力。所以，对于一个管理者而言，就不应回避冲突，更不应惩罚错误，它应该巧妙利用冲突和错误，实现管理流程和组织文化的升级。这才是面对这些问题的底层思维。

陈子菁　嗯，有道理。那这个和"冲突即 timing"是什么关系呢？

陈少文　有了这个底层思维，组织就不应该视犯错如洪水猛兽，动辄以惩罚来加以应对。你首先关注的是这个错误反映了流程的什么问题,而不是急于归责。比如,这件事情当中,老板自己就没有责任吗?如果没有的话,为什么表格里还要有领导签字这一项内容?这个签字的意义在哪里?

陈子菁 可是如果每个签字都要承担责任,也不现实啊,老板根本不可能对每个数字都重新计算一遍啊,那还要员工干什么呢?

陈少文 我换个例子。假设现在是一家新闻报社,如果有一个报道,经过层层签字,最后在报纸上发表出来了,但却被人状告侵权,捏造事实,法院判决报社承担责任。你说,那几个签字的领导要不要承担责任?和你说的一样,主编当然是没有办法和记者一样再去现场核实一遍事实的,那他签字的意义是什么?报社承担侵权责任后,签字的领导该承担什么样的责任呢?你注意,每一级领导审查的角度、每次签字的意义都是不一样的,作为一个科学的管理流程,应该设计和明确每一次签字审查的角度和内容。比如,出版社编辑流程,一审负责文字的流畅性和信息的准确性,二审负责政治把关,如果签字只是一个流程,没有明确各自负责的重点,事后就会出现责任不清的问题。上面这个案例只是签字流程管理问题的一次暴露。领导者把责任全部揽下来未必就是担当，因为规则和人情的边界仍然模糊不清。所以，应该借此机会梳理一遍标书的审阅流程和各环节审查要点，如果违背了就各自承担责任，哪个环节出错，就由哪个环节担责。

陈子菁 我明白了，所以这个案例里，问题不是老板担责还是会计担责，真正的问题是流程的缺陷和完善。

陈少文 对，因为每次犯错都是流程升级的宝贵机会。明确老板最后审查环节，要对支出的款项负责，哪怕只有5秒钟，都要重点看一个东西，单价、总价不能搞错。还可以让上一个流程标记出下一个流程要审查的重点，我只负责看这个部分，将来签字就对这个部分承担责任，否则人情和规则就混为一谈了。你只是个老好人，却未必是个好领导。

陈子菁 如果公司越来越大，就这一条，可能就避免了很多潜在的损失。我刚才想的是，不要再提了，怕给他们思想包袱，看来这个想法是错的。

陈少文 是的。所以你的管理目标是，既要控制财务风险，又要完善制度流程，还要保持组织文化。单纯的惩罚无法实现这几个目的。

对话13 管理艺术：授权即容错与冲突即时机

陈子菁 别人一直说，好的公司最好的制度是长出来的，今天懂了。

陈少文 所以我说初创公司不要怕犯错。只要思维正确，每次员工的错误都可以促进公司流程的完善，管理者一定不要害怕犯错，冲突即timing，这是非常重要的管理思维。

陈子菁 "冲突即timing"我懂了，那"授权即容错"是什么意思呢？是不是干活的必须有授权，授权就要容错，不能授权以后，这不对那也不对，容错的意思是不能批评和指责员工吗？

陈少文 容错的意思是不能出了事就只怪员工，西方管理学思维里是没有执行力这个概念的。他们认为，没有执行力，只有领导力。执行力其实就是领导者的授权能力，领导力强了以后自然就转化成了员工的执行力。如果被授权人出错了，其实是授权人出错了，要么是选人错误，要么是授权范围错误，要么是没有质量控制体系。一旦犯了错，领导者必须让它转变成公司的流程，只有犯错才能完成一次最好的内训，关键是要转化，不转化这种犯错就是一种放纵。通过不断的小的授权换取大的能力，然后再进行大的授权，换取这个组织的成长。

陈子菁 爸爸,那容错应该有一个度吗?因为有的错可能会导致所有的付出付诸东流。

陈少文 当然有,这个度每个公司都不一样。比如,你可以把容错成本看作对一个高级管理者的培养成本,允许他在新业务学习过程中交多少学费?假设你为公司培养一个副总的容错成本是300万元,这个是要与他未来可能创造的价值匹配的。如果这个错超出了必要的限度,我觉得首先是管理责任。所以承担管理责任的情形有两个:第一,授权范围过大,比如,关键业务不能交给新进员工,重要客户不能交给年轻律师,否则授权就是错误。我觉得授权的时候领导者一定要非常清楚，不是要求执行者不犯错，而是要求自己授权不出错。其实在授权的时候，基本就已经根据被授权人的能力评估了被授权的范围。在这个范围内允许去试错。而授权者主要是把控这个授权的边界。如果主任律师让实习律师主导，最后的错误绝对不是实习律师。我会讲很简单，道理就是我在驾校的时候，这个教练让我自己开车，最后出了车祸，然后后视镜被撞坏了，教练非常主动地承担赔偿责任。第二，超过容错成本。授权的时候你已经知道这个错，就是捅了再大也是组织可容忍范围，因为这种试错是一种最有效的培训，否则就是管理责任，你也可以把它理解为一种预算责任。比如说如果私募基金就绝对不能这么干，因为任何一个错误都导致公司客户的利益无法挽回。你只能授权一些非常非常无关紧要的一些环节来完成员工的快速成长。我曾经讲过，犯错要奖励，犯错等于成长，犯错要转化成流程，这都是一个体系化的管理思维

陈子菁 实习医生可以出门诊，却不能主刀。

陈少文 对。所以授权要考虑两个维度，第一是容错成本，第二是节点控制。先说容错成本。我给一些企业家讲"授权即容错"，但有几个人机械理解，回去之后就把全部流

程授权出去了，然后出了很多问题，这就是对这句话的机械理解。当员工还不具备相应能力的时候，盲目授权是管理者的错误。也就是说，授权的范围要和员工的能力与责任心相匹配。如果他是重点培养对象，可以适度超前授权，但在授权以后要对重要环节进行节点控制，对外不可控风险，以能力为先，无能力不授权，客户至上；对内可控风险，以责任心优先，认真即授权，培养干部。如果你把这几个边界控制好，谁来办这个事都不会捅大娄子，即便犯错风险也是可控的。因为每个授权环节容错都是有合理区间的，在这个环节最多就是亏5000元，在那个环节最多亏5万元，而且这些风险可能正是你给这个职位匹配的容错成本。比如，为了培养一个市场总监，授权的容错区间可以达到100万元，你需要根据他的成长状况逐步地释放出来。每个节点最大的容错成本事先通过制度设计都控制好了。这样一来，这个容错成本就可以看作是人力投资，是培养人才必要的支出。只有这样逐步释放授权，节点控制风险，匹配容错成本，领导者才有可能越来越轻松。所以，刚才这个案例里，领导者在酒桌上审核文件，最后忙中出错，肯定有流程的问题，当然不应该单方面去惩罚员工。

陈子菁 可不可以这样理解，很多公司本来就有培训支出，如果创业公司能够边干边学，其实可以把这部分支出涉及业务流程的各个节点，转化为容错成本的方式来实战性地培养业务骨干和管理者？

陈少文 这样理解很棒！我有一些学生，刚刚创业，个人能力很强，但什么事都是亲力亲为。他喜欢挂在嘴上的一句话是，我们这个行业就这个性质，交给新人做，我天天擦屁股更麻烦。有这个思维，注定企业不会做大，因为他没有杠杆思维。最该花时间的流程管理不愿意花时间，所以任何事都要亲力亲为，直到把自己累死。其实，做管理者应该善于利用别人的错误升级流程，先有个初级流程，然后每犯一次错升一次级，每犯一次错升一次级，将来遇到员工犯错你会兴奋。道理很简单，如果我们的目标是升级流程，则犯错的员工反而为制度建设做了贡献，只要不是重复的错误，就可以用奖励代替惩罚的方式在冲突中进步。所以，不要害怕团队犯错误，要把错误成本设计到流程中去，要把每次犯错看作一次团队培训和流程升级的机会。

陈子菁 Get！那怎么理解冲突即机会呢？

陈少文 你平时的生活里害怕冲突吗？

陈子菁 不害怕，如果真的冲突了，就 battle 呗，谁怕谁啊？

陈少文 拥抱冲突不是制造对抗，而是不回避冲突，善于利用冲突，有时甚至还要求我们创造 timing 制造冲突，来转化为资源和机会。

陈子菁 能不能给我举个例子？

陈少文 可以啊。我认为创业的过程从管理的角度来说，有四个层次，分别是影响力、领导力、管理力和沟通力。对于超大规模的组织而言，创始人只能创造一种公司文化，发挥影响力。其次，是发挥思维的领导力，重点是领导那些优秀的、忠诚的高管。对于普通员工，主要依靠的是制度建设的管理力。对于规模较小的初创公司而言，因为人不多，管理半径很小，点对点的沟通就可以解决绝大多数问题。所以，我不认为沟通是管理的本质，说出这句话的前提肯定是公司规模还很小，随着组织规模的扩大，沟通是不可能解决所有问题的，必须依赖制度建设。我们谈的其实是从初创公司到一定规模的阶段之间，公司应该如何理解管理的本质。我认为，管理的本质不是沟通，而是用制度减少沟通成本。你同意吗？

陈子菁 同意啊。但这和冲突有什么关系呢？

陈少文 正是因为制度建设成了核心，你认为，公司创始人有可能在创业之初就把所有问题都想清楚，并且巨细无遗地提前制定好各种制度吗？肯定不可能吧？所以，公司在业务流程、协作流程等各个环节所暴露出来的冲突，其实都是制度得以演化的绝佳"催化剂"。

陈子菁 哦，原来是利用冲突来发现制度漏洞。

陈少文 对，你想想，一个社会也不可能提前制定好法律应对各种情形，只有发生纠纷诉诸法院后才能通过判例完善法律；人体也不可能提前预知各种病毒，只能在发生感染之后产生抗体从而提升免疫力；家庭也不可能提前知道各种冲突，必须通过一次次冲突后的沟通达成共识，凝结成家规。对于一个组织而言，也是如此。它必须要有有益菌来促进组织成长，而冲突就是这种有益菌。所以，冲突不但不可怕，反而可以在解决它的过程中完善创始人的人格，完善组织的制度，同时凝聚共识，一个能在冲突中重建的信任才是更好的团建，才能形成更好的组织文化。比如，有的公司就不重视研发，而特别重视客户投诉，这其实就是一种冲突管理思维，以我为中心的研发导向会远离市场需求，寻找的可能并非真正的客户痛点，但从客户投诉中进行分析采集，却是直接面向市场的客户痛点。

陈子菁 嗯，我同意。但是不是所有冲突都是有益的吧？

陈少文 是的，冲突分为观念型冲突、利益型冲突和生物型冲突。利益型冲突又可以分为冲突利益、不同利益和共同利益，对于不同的冲突有着不同的解决办法，比如冲突利益靠博弈，不同利益靠交换，共同利益靠合作。推荐你看熊浩老师的《熊浩的冲突解决课：谈判》这本书。

陈子菁 那怎么理解制造冲突呢？

陈少文 比如，有一些组织里的冲突是隐性的，尽管你看到了苗头，但却并没有表现出来，但随时随地都会爆发，是一个隐患，这个时候，如果领导者不能以一种智慧的方式把冲突提前引爆，就可能造成巨大的损失，这就需要你有制造冲突的勇气和智慧。比如，当你发现负责销售的团队和负责售后的团队有些抱怨情绪的时候，就可以通过共同观摩一场商业真人秀的综艺节目，把类似的部门冲突场景作为讨论话题，引导大家借假修真，针对综艺节目里的部门利益发表各自的观点和逻辑，就既能充分暴露问题，又能合理管控分歧，这就是有智慧的领导者。而在这样的处理方式中，你也会因为创业而变得更有智慧，人格更加完善，最终成为一个更有魅力的人。

陈子菁 这个挺有意思，借假修真。所以，一旦冲突发生，不害怕、不回避是第一位的，能够把握住机会升级流程，完善制度，促进理解是第二位的。如果可以制造冲突，就是更高境界的。这个理解对吧，老爸？

陈少文 非常棒！

附录

创业对话
对话零点有数袁岳

创业思维 与 推理

ENTREPRENEURIAL
THINKING
AND
REASONING

创业思维与推理
ENTREPRENEURIAL THINKING AND REASONING

▶ **袁岳对话**
初稿整理：赵搏祎

基于认知的创业选择政策研究

陈少文 袁总,又见面了。上次我们对话还是在几年前的北京舍瓦读书会上,至今仍然觉得回味无穷。这次见面我有个私人目的。最近我和女儿合作写了一本有关创业的书——《创业思维与推理:认知型创业的父女对话》。其中有一个很核心的观点:未来的创业生态会更多地基于认知,而非勤奋和机遇,这种从"经验型创业"到"认知型创业"的转变恐怕是我女儿她们这代人要经历的重要变化。在选择访谈对象的时候,我第一个就想到您,我觉得您是诠释"认知型创业"的最佳人选。

袁 岳 很荣幸。我觉得通过这种方式影响孩子的思维挺好的,否则,父女之间要坐下来很严肃地讨论一个问题,不一定会很深入,孩子也不见得愿意和你聊。之前耶鲁大学的陈志武教授也写过这样一本书——《24堂财富课:与女儿谈创业》,便有我写的序。

陈少文 是啊，我准备用四本书把我的一些底层认知和思维给到孩子，其他几本分别是"历史推理"、"艺术鉴赏"和"生活哲学"，这几本等她上了大学再陆续推进。将来这些书的稿费可以作为她的旅游和学习基金，后面还可以发展出一些亲子教育产品，这也是在她成长过程中我们父女关系的最好纪念。因为有这样一个沟通机制，现在她每个礼拜天早上九点都会准时到我书房来。我们每次沟通都有录音，她必须亲自、真实地参与整个对话过程。因为今天不是周末，她在学校寄宿没法亲自过来向您请教，她也很遗憾。

那我们就正式开始吧。就先从"认知型创业"这个概念谈起吧。

袁 岳 好的。您谈到"认知型创业"，不谦虚地说，这的确是零点公司迅速发展的秘诀所在。我当年在选择创业道路的时候，研究咨询分析行业分为南、北两大流派。北派因为接近政治中心，所以是从大事出发往小里研究，而南派则濒临沿海，远离政治中心，所以是从小处着眼往更小里研究。南方企业家起步的时候主要是做快消品行业，当年主要是依靠宝洁公司。这种模式在刚开始的时候非常有效，但是越来越后劲不足，整个行业利润已经薄到无法生存的地步。而我的判断是：在做商业之前，一定要先建立自己的话语权。加上我们身处北京，所以一开始就选择做政策研究。这就是认知上的差异。但是当时这种认知太超前了，根本就没有人会为政策研究买单，那我就自己拿钱来做。在商业领域，和南派不同的是，我做的是银行、房地产和快递三大领域，分别选择了建行、万科和EMS这三家龙头企业。你看，我起步的时候做的全都是不赚钱的服务业，当时赚钱的是快消品，所以很多人看不明白。但我坚信这种选择是正确的。我始终认为，大公司的决策模型其实和政府是非常像的，他们认为，你既然能研究国家政策，自然就能研究我。我们就这样建立了咨询行业的北派传统。这就是我们基于认知选择的商业模式。现在来看，占据信息优势、依靠政策分析的北派逐渐显示出了强大的后劲。假设我们现在给客户开一场座谈会可以收到两万元钱，毛利是六千的话，南派可能只能收到两千元，毛利更是低于五十块钱，根本没法存活。

陈少文 听说您还是中国第一个学习MPA的民营企业家？您是否当时就觉得在中国经商必须要关心公共政策，所以才坚定地选择了这个创业方向？

袁 岳 是的。当时大家都去学MBA，很少有民营企业家去学MPA。我在哈佛大学学习公共管理硕士项目的时候，是第一个来自私人部门的学员。很多政界精英都参与过这个项目,民营企业家学习 MPA 是在我之后的事情。当时很多人没有这个意识,就很好奇我为什么要参加这个项目,其实道理很简单:中国没有纯粹的经济学,只有政治经济学,也就是公共管理。西方企业家和中国企业家最大的不同就是前者只需要学习企业内部如何管理就可以了,而后者还需要学习如何和政府部门互动。中国的商人只要生意做大了,就得和政府官员一样关心政策走向。而中国官员和西方官员最大的不同是前者不但要做公共管理,还要有商业观念,但西方官员可能就不需要管经济,它们是完全交由市场自行解决的。我们哪怕是再小的一个县,县长都要管招商引资。这就是中国独特的国情,商人要懂政治,官员要懂商业。我们公司其实就是在知识服务领域做一个小生意,但怎么能够把小生意做出大价值来?人家房地产公司随便做个房子就能做到 100 亿的市值,他为什么还要请你服务?因为他觉得你的洞见是他所不具备的。虽然谁都可以掌握数据,但不是所有人都能掌握数据背后的洞见。所以,中国靠政治和经济这两个车轮走路,这是我对中国社会运行机制和商业环境本质的基本认知,我这么多年的商业实践也都是建立在这个基础之上的。现在我们公司收入的一半来自政府客户,一半来自企业客户。

陈少文 八九十年代的整体社会氛围都会认为自由主义经济学的那一套更可能是未来的发展方向。

袁　岳 自由主义在知识角度最大的偏误就是它的经济学观念。它假定人就是个经济动物，却从来没想过人其实还是个社会动物。我帮助你，未必是因为会给我带来经济上的好处，也可能纯粹就是因为你是我兄弟，因为这个社会关系。自由主义有很丰富的内涵，但是当时的知识界仅仅用其中一个流派的观念来主导整个社会的经济活动，这是有相当大的局限的。对于我来说，我始终认为，社会一定是经济和非经济元素同时起作用的。这是一个基本的判断。中国刚开始改革开放的时候，社会学当时由有关部门严格管理，开任何一次社会学的国际研讨会都必须经过相关部门批准才能开。但经济学就自由得多，因为这个原因导致了社会学人才比较少，而经济学领域的人才就比较多，这也反过来促成了自由主义经济学思潮的流行。在这种思潮影响下，人们自然会忽视政策对市场的影响，而片面扩大市场的自发调节作用，所以当时很少有人能够理解我的创业选择。这些都是源于底层认知的差异。

陈少文 在选择商业赛道的时候，有人说要选主航道，也有人说要进入无人区,您是根据什么认知选择赛道的?

袁　岳　大家都不看好的领域才有真正的机会,大家都看到的机会竞争必然也很大。比如,大家都知道金融是个好专业,但竞争也很激烈,虽然全国大学每年招50万金融系的学生,但毕业时也有50万人竞争啊,但如果你去研究非洲的莫桑比克问题,毕业的时候就几乎没有任何竞争。那你是愿意面对50万竞争者从事金融工作还是做一个没有竞争者的莫桑比克研究专家?这其实就是一个认知和选择的问题。我从小就觉得,随大流是没有机会的。我辞职下海的时候,周围人是不理解的,至于我选择的赛道,就更多人不明白了。当时人们下海肯定首选房地产,这是人人都能看到的机会。我的处长和我同时下海,他做了房地产公司总经理,第一年就挣了几百万,可我第一年却把自己的所有积蓄都拿去做政策研究了,而且没有任何回报。我们处长也不理解,他说:"小袁,我们在机关里就是搞政策研究,你还没有做够吗?再说,我们下海就是为了挣钱,哪有像你这样还倒贴钱的呢?"我就跟他讲我的思考。最后他被我说服了,还给我送了三万块钱。我创业的时候一共只有十三万五千块钱,其中有五万我写作赚的稿费,有三万是处长给的,不用还的。我另外一个同事,下海就去倒汽车,第一年也挣了几百万。所以当时能坚持下来是很违反人性的。但是现在来看，情况正好倒过来了，他们到了退休年纪后，反而干起智库了。1992年下海的人，现在至少有20个人在干智库，又回到我当初选的道路上来了。

陈少文　所以要做难而正确的事。

袁　岳　其实不难，只是很少有人做。很少有人做的事恰恰是不怎么难的。为什么？因为无论是中央部委，还是地方政府都是第一次做，所以也就没有所谓权威，没有标准答案。那我们就可以定标准啊。专家来评审也没法提意见，只能谦虚地在我们成果的基础上提点建议。所以我特别鼓励年轻人，只要是没人干过的事情一定要去尝试。

陈少文　但首先逻辑得通。

袁　岳　这个不重要。因为干出来的对和想出来的对是不同的对。只有干才有机会对，不干是没有机会对的。一定要去干。

陈少文　您有没有听说过WeWork这家公司？孙正义当

年在30分钟之内就决定投资这家公司，他只要求这家公司急速扩张，哪怕是亏损也要扩张，但当时这家公司的经营数据似乎并不理想，所以我的问题是：创业者在没有跑通财务模型的情况下是否应该迅速扩张自己的商业版图？

袁 岳 WeWork是美国一家于2013年成立的共享办公公司，比我们当年做孵化企业要晚两年，最高时估值达到400多亿。WeWork后来上市没成功，现在基本上退出中国了。至于您问的是否可以在没有跑通财务模型的时候快速扩张，我觉得这要看你处在创业的什么阶段，要不要用别人的钱，以及在第几轮用钱。一般来说，找别人投资和自己投资的创业逻辑是有区别的。找别人投资，肯定要把财务逻辑跑通，至少要能说得通。但如果自己做创业投资就不一定，很多时候自己都没有想好就开干了，没人质疑的，你自己愿意冒险，谁能管你呢？所以，不是所有的创业一开始都要跑通财务模型的，没几家公司能做到。别说跑通了，有时候可能想都没想通就开干了。现在学校里搞创业大赛，虽然我认为没什么大用，但至少有一点小用，就是它可以训练自己怎么把这套挣钱的逻辑讲通，给评委也好，给团队成员也好，至少能自圆其说，实际上有点像找人投资的逻辑。我发现很多创业者自己埋头做事就挺好，只要

"我想干",不必把很多事的细节想得那么清晰,但如果他要到市场上去找投资,就必须找到一套能够被大家认同的商业逻辑,不要既想拿别人的钱,又拒绝被人评判,被拒绝后还不服气,这就拧巴了。

概率思维与
容错区间

陈少文 我想问一个和概率思维有关的问题。袁总，如果有两个选项必须做一个选择，您是宁愿吃一个屎屎味道的巧克力，还是愿意吃一个巧克力味道的屎屎？前提是您在做选择的时候，对它究竟是什么并不知情。

袁　岳 这道题其实有点类似于你想吃臭豆腐还是喝童子尿，臭豆腐其实就是屎屎味的巧克力，童子尿就是巧克力味的屎屎。其实我本质上是个功利的人，结果导向，所以我肯定是喜欢屎屎味的巧克力。所以我考察项目很直接，别跟我花里胡哨地说这么多，我就问这个项目挣钱吗？最近有个兄弟老跟我推销他做的项目，问我能不能投点，我说我不会投，因为挣不到钱。

陈少文 这个非常重要。不能用商业的心态做公益，也不能用公益的心态做商业，这两个逻辑不能混淆。

袁　岳 你会怎么选？

陈少文 我觉得这道题就不成立，因为问出这个问题的时候，你已经知道它是屎屎还是巧克力了。但是人类往往需要在没有掌握确切信息的前提下进行决策，大多数情况下你都不知道后面的真相到底是什么，只能根据眼前的味道来做概率决策,这才是普遍的决策困境。

袁 岳 做生意的时候,有些客户比厾厾还难闻,脾气又臭又硬。但是你明白吗?你是做这个生意的,你不可能指望每个客户都把你当兄弟。你不能收了钱后又骂客户。你真的碰到一个像厾厾咪一样的客户的时候,你就要修炼自己。我们的人格尊严里有一部分内在尊严体系。外化内不化。你看浙江商人,你不管说他什么,他就装孙子。把生意做成就行,叫爷爷也行。

陈少文 有一部电影很有意思。说的是有一个富翁即将去世,要寻找失散多年的孙子,把几百亿的遗产给他,结果就有人去装孙子,后来发现他还真就是孙子本人,不用装。影片开始是找孙子,后来是装孙子,最后是真孙子,很有讽刺意味。

袁　岳　所以说,如果你相信这个原则一定会得到很大好处的话,是不难坚持的,坚持原则最难的地方在哪里?就是不知道吃了屁屁以后会不会得到巧克力,坚持原则能不能拿下生意。创业真正的热爱是什么?就是即便创业很可能失败,但我仍然选择创业。即便是屁屁,我也认了。

陈少文　对,理想的含义首先得是愿意面对代价,才叫理想。就像入党誓词里说的,愿意为共产主义事业献出生命,而不是入党以后可以贪污腐败。要是一个事业失败概率很大的话,您还会做吗?

袁　岳　其实你只要是尝试别人没做过的事,成功概率是非常高的。但是你一定要明白,最后的后果是由谁来负担的。比如在我们公司,如果事情干砸了,你是赔不起的,最后后果还是我来承担。很多人思考这个问题时想的总是成功的概率,其实不用想,大概率会失败,问题的关键在于后果由谁承担,对你会造成多大损失。对于老板来说,其实就是老板是否敢用人的问题,老板为了培养你敢损失多少。现在年轻人想的东西可能不在我们的视野里,但可能确实挺有用,所以还是要尽量给他们一些机会,不要怕失败,真失败了,后果主要是我来承担。员工最多被扣一点绩效工资,不可能丢饭碗。

陈少文 年轻人其实容错区间更大，成功之后反而不敢作决策了，这就是我在书里提到的概率决策和容错区间的问题。

袁　岳 对。你说一个年轻人去创业会成功吗？当然失败的概率更大，但问题在于，你失败几次以后，下回再碰到失败的东西就比较淡定。失败是成功之母的意思其实是，你碰到一个高概率的失败事件和高概率的成功事件，你的心态是一样的，这就叫波澜不惊，至于这个波澜是往上还是往下、成功还是失败并不重要。

陈少文 对过程保持敬畏，对结果保持钝感。大起大落，起和落不重要，我们要的是个"大"字。公司培养一个人的时候给他匹配了容错成本，年轻人应该把容错成本看作自己收入的一部分，既然公司给了我容错区间，我就可以多去尝试。

袁　岳 这个在我们过去的教育模式里是缺乏的，老一辈总是担心风险，所以不敢让我们去尝试，总是替你作决策。

但是老板其实是把你当作风险管理工具的，什么意思呢？就是说这事我们不干，竞争对手就会干，我现在让你去干，就算这次没干成，下一次我再干还没干成，干到第三次我可能就干成了。举个例子，我们现在有很多知识产权案件，比如酒类外包装的侵权，这个酒的包装和那个酒很像，然后你说不像啊，你的包装是圆的，但我的是椭圆的，这两个就发生争议了。比如湖北有家餐饮企业，老板的女婿出来搞了个看起来很相似的新品牌，老丈人就以商标侵权把女婿给告到法院，这里就涉及外观设计的判别。这里面有什么市场机会呢？我们就负责提供证据证明这个商标会不会和在先商标形成混淆，以及这种混淆会不会产生错误购买的结果。因为只有这两个要件同时具备，才构成侵权。但这件事情在开始的时候，大家谁也没把它当成业务。有个学法律的员工进了公司以后就说这个事情可以干，现在各级法院这类纠纷里可能有70%以上都是我们公司做的。这个领域里最权威的机构就是零点。你看，员工的一个创意可以为公司提供源源不断的业务。所以我现在就成立了法治研究的事业部门，专门负责挖掘业务，一年能有大概三、四千万元的营收。

陈少文 这是基础法律常识，为什么很多人就想不到去创新呢？

袁　岳　因为他们没有对法律要件进行分解，我们就概括出"单一相似不构成侵权"这样的司法判准，法官一听就明白，很好操作。我们还有一个案例就是某著名体育用品品牌。这个案子最有意思的是最后法院确实认定为商标相似，但却判决它有使用权。为什么？是因为这个被诉企业用的是中文。原来的著名品牌商标没有注册中文。这个案件里两个要素都具备，第一，相似；第二，会产生错误认识，但是有一点，人家中文商标注册在先。所以判决的时候认定因为历史原因，可以继续使用该商标，但是不能推广。这类案件太多了，在今天的市场规模下，单做这一个司法认定就可以创业了。它的数量特别大。现在在我们行业里面还有一些专门做图书的数据分析，食品设计的测试等，都可以做到五、六千万元到一亿元左右的营业额。

陈少文　一个人在容错区间里犯错还有翻盘的机会，但如果超过容错区间呢？比方说对赌协议，一旦输了就无法翻身，您会作这样的决策吗？

袁　岳　一辈子不能翻身的情况极少极少，大多数其实都是可控的风险。比如说，你晚上敢不敢出门？敢不敢去一个没人去过的地方？其实这个风险并没有我们想象的那么大，都取决于我们对于风险的主观判断。如果畏首畏尾，最后就啥也不能干。你说的对赌到一辈子都不可能翻身，其实不太可能。你为什么不反过来想，万一对赌成功了呢？那不就一辈子不用工作了吗？遇到抉择的时候，有的人看到的是机会，有的人看到的是风险，所以最重要的是，你要把自己培养成乐观主义者，还是悲观主义者。

陈少文 当初有人评价罗永浩做手机一定会失败，罗振宇反驳说："你们预言成功了又怎么样？那最多不过是悲观主义的一次胜利而已。但是，罗永浩们却在拓展人类的边界。"

袁　岳 是的，乐观主义者的成功概率是更大的，因为大家更愿意追随乐观的人。比如，同样探索一个未知的事物，乐观的人会说："放心好了，跟着我走，一定能成功。"悲观的人会说："我也不知道能不能成功，我很担心。"如果是你，你会选择跟随谁？当然是前者。当所有人都跟随乐观主义者的时候，他成功的概率也在增大，不是因为乐观主义本身，而是乐观主义能够吸引到更多资源，最后是因为资源总量多所以才提高了他成功的概率，而悲观主义因为没有人跟随，也很容易自己放弃，往往就会成为一种悲观预言的自我实现。我最近在看《拿破仑传》。当时拿破仑的军事实力可以横扫整个欧洲，连战斗民族俄罗斯人也不是他的对手，但是拿破仑的优势在于进攻，防守和后勤不行，俄罗斯人就利用了拿破仑的这个弱点，既然你闪电战厉害，我就避开你的锋芒，把你拖入持久战，机会不就来了吗？结果，俄罗斯人一路退让，拿破仑打到俄罗斯腹地后战线拉太长了，最后连粮食都送不过来。这个时候俄国人绝地反击，把拿破仑打出了俄罗斯，一直打到巴黎，成为世界战争史上绝地反击的成功战例。本来这场战争俄罗斯成功的概率是极低的，但在被逼到绝境的时候，创造力反而会被激发出来。因为人在正常条件下，他用的脑细胞的总量不超过 5000 万，只有在极端情形下，才会调用 5000 万以外的脑细胞，产生出平时没有的潜力，也就是我们所说的"急中生智"。我们平时在考虑所谓成功概率的时候，其实是被很多潜在的思维框架限制的，所以有很多误差，一旦跳出了平时的思维框架，成功概率就会增大。西方管理学有个词 out of box，就是告诉你怎么跳出思维框架思考问题。

陈少文 升维解决。我曾看过一个视频，一辆车被小区其他车堵住了，怎么出去？其实是无解的，因为我们都是在二维世界里思考，被堵住了当然就开不出去，结果那个车主叫了辆吊车过来，他在三维框架里解决问题，把自己的车吊出去了。那个视频看完以后我大开脑洞。就像一个孩子知道2+2=4，也知道两只猴子加两只猴子等于四只猴子，但两只猴子加两只兔子，他可能就不知道等于什么了。其实这里的数学难度是一样的，难就难在小孩子还没有形成"动物"这个升维概念，所以，这道题就答不出来。生活中很多难题也是因为我们解决问题的概念和框架太局限了。

袁　岳　我当年在机关的时候，发现机关里的年轻人经常想的问题就是什么时候分房子。接下来关心的自然就是分了房子以后能不能走？或者是升职以后能不能换房子？所以，领导就在升职和分房之间平衡。我们机关当时规定工作后第五年可以分房子，我下海的时候正好是第四年半，很多人认为还有半年就可以分到手了，挺为我可惜的。

陈少文　有一个故事不知道是不是说袁总的，领导说再等半年就有房子了，那个人说，我要是下海连个房子都挣不起，我就不会下海了，所以义无反顾地辞职了。

袁　岳　情况差不多。关键是我们机关规定，分到房子以后五年之内不准辞职，那我就得在单位里待十年，这个代价太大了。我有信心在五年中间挣到一个更好的房子，所以毅然下海。当然会有人说，你怎么能保证一定可以？这个当然保证不了，这就是一个人怎么看待概率的问题。我觉得我下海不可能失败。我辞职后跑到好几个外国公司去应聘，就是为了评估一下我实际的价值有多少。那个时候我们单位的工资大概是每月121块，但是我应聘的某外资企业中国办事处起薪就是2000块钱，将近是我工资的20倍了。那时候才九十年代初，2000块钱什么概念？北京的房子才3500元一平米。我干一年就可以付首付了，所以说不可能失败，最不济去外国办事处当个职员也比之前强啊。因为对自己未来有信心，所以我就在北京、上海、广州市中心，各买了一套房子，先买了再说。

陈少文 这就是乐观主义和悲观主义概率思维的不同。乐观的人在未来轴里花钱，悲观的人在过去轴里攒钱，纵观世界历史，热衷于攒钱的国家都灭亡了，但是美国建国伊始就到处借钱，金融立国，现在成了世界强权。所以凡事不能想太多。

袁　岳 但如果他天生是个悲观主义者，你告诉他别想太多是没用的。所以，选择事业伙伴，包括终身伴侣，一定要选择乐观主义者。就算一个具体的事失败了，另外一件事情拿出来，又可以成为快乐的来源。但悲观主义者呢？即便一件事成了,他也一定会找另一件事去担心。

陈少文 古希腊有一个故事,一个人在街上不停地笑,旁边有人经过说,有什么可乐的?他说:"我这么开心,你还不知道我为什么乐,这本身不就很可笑吗?"快乐还要理由吗?

袁 岳 这两天我在看一本德国作家写的书——《傻瓜之光:白痴和他的时代》。书里写了两兄弟,一个心事重重,一个没事傻乐,没事傻乐的是个傻子。为什么傻瓜才代表世界之光呢?一般我们都会认为,傻瓜肯定是智商有问题。其实不是,他只是没有被格式化而已,而且你没法给傻子洗脑。不然你为什么不去精神病院搞思想工作呢?因为傻子根本不听你那一套。所以傻瓜才代表了我们要追求的状态。

陈少文 笑点低,所以幸福感高。

袁　岳 对,我们正常人 care 的事情,他根本就不 care。他想的事情也不用保密,因为没有人关心,所以,他是自我成立、自我完善和自我满足的。他的幸福感是自主的,不用从外界获取能量。这本书最后讲得特别有意思,它说到了互联网和大数据时代,正常的人会进一步被分裂,分裂到不知所措,只有一个傻瓜继续在那儿傻笑。有没有互联网,都不影响他继续精神分裂。这个书最大的特点就是,看完以后,你感觉自己好像也有点分裂,因为作者选择了一种故意违反语法规则的语言风格写作,但又不影响你阅读。用正常的逻辑读这本书是读不通的,你会不知道他在说什么。

商业启蒙与
商业伦理

陈少文 这本书是我给孩子的创业启蒙书,我也想听听您的创业启蒙故事。

袁 岳 创业有点像游泳。我们小时候其实不是为了学游泳而学游泳,目的可能就是抓鱼。也没有老师教,上来就是狗刨。你到一个河里面,进去的时候先狗刨一通,把鱼都吓到岸边上,然后抓鱼。从来没有人告诉我们游泳的动作要领。我们就是用最基础、最原始的动作达到抓鱼的目的,游泳只是顺便掌握的一项技能。中国改革开放最早的一批创业者也是如此,他们最开始创业其实就是为了生存,根本不知道创业这个概念。我在家里排行第十二,我六哥是我们那个地方的第一代创业者,1978年就开始创业了。他原来在国企做一名电工,然后辞职自己给别人修理五金电器。他领养了一个女儿,小姑娘两三岁的时候就站柜台了,四岁的时候就会卖东西了,她也不知道那就叫创业。她只知道这是我们家的东西,你要拿钱来换东西,她从小生活在做生意的环境里面。对她来说,做生意只有做大做小、做好做差的区别,不存在会不会做生意的问题。这就是最好的创业启蒙,就是在这个环境里泡着。

陈少文 您在《赢在中国》卖包子那一集里说得特别

对，卖高档家具和卖包子本质上没有任何区别，但很多人就是弯不下腰做小生意，他觉得不高级。我一直和学生强调，只有小事练能力，大事才能靠直觉。

袁　岳　是这样。我7岁的时候，除了爱看书，还有一个很重要的事，就是帮我三哥三嫂卖韭菜。我就琢磨，那么多人都在卖韭菜，我的韭菜怎样才能卖出去？当时我们早上6点左右就要上市场，太阳还没出来，韭菜挂着露水，看起来很水灵。7点半左右，太阳一出来，韭菜就蔫了，价格就卖不上去了。那个时候我就知道，要想卖得快，就得放下面子去吆喝，要脸的话，韭菜就会蔫，就卖不动了。就这么简单，你必须得喊得出去。喊不出来也要喊，要自我突破。所以我在7岁的时候第一次在市场上叫卖韭菜，这个经历应该算是我人生的商业启蒙。最开始喊的时候还不是很自信，喊得颤颤巍巍的，有些老太太看到一个小孩子这么卖力，心疼了就会多买几把，所以我的韭菜很快就会卖完。有了这样的经历，你就会明白，做生意其实也是一种心理博弈，长大后就不会觉得做生意有多难。但如果早期没有这个经历，后面这一关还是得过。所以，商学不能从本科开始学，必须要有一定的社会经历。必须自己亲身历练了以后，再到商学院来梳理优化。你首先得有一堆乱七八糟的菜，然后才能学怎样装盘。

陈少文　这个世界上除了数学是真正的演绎知识，其他的知识其实都是经验的。比如摄影，应该直接先看1万张经典照片，再去学摄影理论。商业也是一样。

袁　岳　我以前不知道如何品鉴红酒。2007年的时候，意大利一个著名的品酒大师问了我一个问题："袁先生，我看您挺能喝酒的，您懂红酒吗？"我说我也不懂。他说："我们意大利每个人都懂。"我就很奇怪，问他原因，难道有人专门教这个吗？他回答说："在我们托斯卡纳河谷，每家的葡萄酒都是免费品尝的，你顺着河谷走下去，品上十五六家，自然就知道酒的好坏了。你感觉哪款酒最舒服，那就是你的酒了。从你最讨厌的到你最喜欢的，你会建立起一个关于酒的坐标系。"你看，品鉴其实也不是很难。他说，所谓懂酒是你知道这个酒的特性是什么，然后跟你之间的距离和关系是什么。所以，用这个方法，后来我就找到了一种特别适合我的葡萄酒——梅洛。这款酒不贵，但中国人特别喜欢。为什么？因为梅洛这款中档葡萄酒有个特点，它不酸、不涩、不甜，特别平。中国人喝完后就感觉特别舒服，喝完50块钱的梅洛葡萄酒会说"这个酒好喝"，但去喝一款法国最好的罗曼尼康帝，可能还不太喜欢，因为最好的法国葡萄酒是酸的，而中国人喝到酸的，总认为是过期了。

陈少文 所以浸润很重要。有个故事很有意思，说王国维有一次把自己的古玩珍藏拿给已经退位的末代皇帝溥仪看，想借此炫耀一把，没想到溥仪说："这些东西不真。"一句话刺激了王国维，非要溥仪说出依据。溥仪慢吞吞地说："我也说不出来，但就是和我小时候在宫里见过的不一样。"你看，多刺激人。因为他从小在皇宫里看的好东西多了，自然就有了一种直觉的鉴赏力。

袁　岳 溥仪不需要古董知识，他只有最淳朴的在环境里泡出来的直觉。这个才是真正的文化。

陈少文 还有一个话题我特别想聊，就是商业谋略。我有个观点，商业是肯定要有谋略的，但一定得是阳谋，也就是可以摊到桌面上说的计谋。第一，它不会让任何人利益受损，一定得是共赢的结构；第二，它不怕让对手知道。比如毛主席，他最厉害的地方就在于把赢对手的方法全部公开发表出来，最后还是能赢，比如《论持久战》。

袁　岳 我在公司成立的时候一共有五条禁令，其中一条禁令是"不改数据"，因为我们是做数据的公司；第二条就是"不给回扣"，宁愿丢单，也不做要回扣的生意。这样做的后果是，每十个生意就有九个会丢掉，所以我们就提出了一个很明确的口号——只做10%的生意，表面上看会丧失了很多机会，但这才是恰到好处的商业模式。国际上很多大公司都会有成文的商业行为准则，去帮助员工去判断一个事情是否符合商业伦理和公司价值观。当初 Northern Telecom 的一个高管，他就提出了两个判断标准，第一，这件事情如果被披露到报纸上，你会不会觉得羞愧？第二，这件事情如果被检察官知道，会不会构成犯罪？然后据此判断哪些事该做，哪些事不该做。我们有些同行喝酒找关系的能力都特别强，他们可以通过老乡一层层疏通，最后找到决策领导，但我们风格就不同，我们也会和领导见面，偶尔也会拜托一下，但我们都是请领导在同等条件下优先考虑，如果真的为难，我们就放弃这单业务。我们不需要盯着他，给他好处，所以合作起来特别舒服。与其整天想方设法搞定某个人，不如兢兢业业把事情做好，让对方没有风险，否则一旦人家单位遇到人事纠纷，说不定就把你给举报了，得不偿失。所以我们经常跟领导说，跟我们合作最大的好处是政绩，升官一定会比其他人机会多，和我们合作的官员现在基本上都成了典范。所以我的想法很简单，虽然我们做的只是10%的生意，但是这10%的成功概率比90%还要高……

陈少文 就是说,哪怕在10%的市场机会里面,我能有80%的成功概率,也要比90%的市场里面,只有10%的概率要好,算这个账就行。

袁　岳 对,如果我们靠回扣揽业务,像我们的业务规模,每年350个政府客户,按照反腐败的比例,大概1%的人会进去,也就是每年就有三四个人是受贿罪的话,我就是行贿罪,但是按照我们现在的风格,就不会有这个风险了。

陈少文 所以,价值观以反面形式表述更靠谱,比如,"不得更改数据","不做回扣生意"。我很好奇,您说只做10%的生意,但有钱不挣,合伙人的思想怎么统一?

袁　岳 不需要统一,大家都是这么想的,前期对人的选择比后期对事的共识更为重要。我们的高管大部分都不是江湖召集的,基本都来自校园。

陈少文 相对理想主义。

袁　岳 不是相对理想主义,他本来就没那个能力。他本来就很害怕公司要他去给回扣,现在发现有一家公司不准送钱，所以就很认可公司的文化。我们还有个禁令，禁止和客户喝酒，因为有的客户觉得我们总是不喝酒太不近人情，所以最近几年才有所松动，但喝酒的钱公司还是不给报销的，也就是说，要喝也是客户请我们，偶尔需要请客户的，酒都是我个人提供。很多人把孩子送到我们这里，会先给我打预防针，我孩子刚进社会，啥事儿都不懂，不会喝酒，不会送礼，还不会拍马屁，我说没问题，这些在我们公司都不算毛病。

陈少文 所以知识型企业是基因，员工的价值观不是教育出来的，是选出来的。那如果按照这个模式做下去，公司的规模上限就是5000万，您甘心吗？

袁　岳 不，这个问题的关键在于赛道本身是否可以再塑，比如我最近讲得最多是算法技术，算法技术在根本上实际是分析模型，只是大部分人用的是标准化的分析模型，但我可以独立开发一种分析模型，而且是用软件化自动分析的。比如说这个市场总共是200亿元，其实我可以通过新的技术重塑市场规模，做到800亿元，只要你永远走在技术前沿，做增量，就不会有这个问题。

陈少文 再问一个敏感的问题，在财务问题上，您会不会给下属一些灰色空间，睁一只眼闭一只眼，因为水至清则无鱼嘛。

袁　岳　早期的确是有某些财务不规范现象，比如有一些票，如果直接从账上走是走不掉的，所以合理的票据冲抵是可以的。你可能有一次买衣服的时候开了一个文具的票，因为本来你就有2000块钱的报销权限，只要你说清楚是因为哪几件事，是可以冲抵的。但这大概是十多年以前的情况，现在不能冲账。公司大了以后，只要你在制度上给了弹性空间，实际上的弹性就要比你想象的大得多，只要你讲原则上应该如何，最后肯定就没有原则了。所以我们干脆就僵化地一刀切，不能喝酒就是不能喝酒，财务上绝对不给报销酒单。但如果这个客户必须要请，而且必须要喝好酒，那可以申请到我家拿两瓶茅台，作为我个人的贡献。

陈少文　所谓的价值观必须在创始人身上有人格化的体现，而不能是团队拍脑袋想出来的口号。员工看你怎么做事就知道公司价值观是什么。

袁　岳　所有的原则，只要你自己做不到，都是扯淡。我们有一条禁令叫"不做假账"，这件事情其实有的时候是很纠结的，因为这涉及税务等很多实际问题。比如说，现在你算小企业还是算中企业，这中间的政策就不一样。在历史上我们也经常会为这些事情纠结。以前有一些灰色政策，现在基本全部杜绝。

陈少文 我再追问一个问题，假设您的高管特别得力，在市场开拓方面立下了汗马功劳，有70%的市场都是他一个人开拓的，突然有一天您发现他违反了公司禁令，需要开除，但是公司所有客户资料信息都在他那里，公司之前没有做好备份，一旦他离职，客户就全部带走了，面临的损失非常之大。也就是说，是非曲直非常明确，按照公司价值观，如何处理也很明确，但就是按照规则处理的损失太大了，您会怎么决策？

袁　岳 在我们公司这种情况几乎不存在。历史上，我们高管离开公司，带走的客户比例不超过2%。就算你走了，客户也不会跟你走，因为客户是找公司，不是找你。我们有个分公司总经理，很得力也很忠诚，什么都好，但是有一天我看账时发现他买了三万块钱的文具，这是不可能的一项支出，他也无法给出合理解释，实际上他是给了对方回扣。这还是一家挺大的分公司，开除他的话就会面临你说的那种情况，竞争对手也会对他虎视眈眈。你会怎么处理呢？我第二天就通知他被开除了，我们公司在高压线上处理问题是没有犹豫的。

陈少文 明白了。我再问个情形，这是一件真事，凯叔讲故事这个团队在 A 轮融资之前，承诺消费者年后要上市"凯叔讲西游"的新产品。在春节之前的最后一个上班日，CEO 王凯在办公室偶然听到母带录音出现了质量瑕疵，经过确认，头一批生产的产品全部受到影响，现在他面临两个选择：第一，瑕疵产品全部下线，但这样会直接影响年后上市的销售业绩，当然也会直接影响到融资结果，而融资一旦落后，整个市场布局就会错过最宝贵的时间窗口，一步慢，步步慢，被竞争对手迎头赶上；第二，瑕疵产品打折出售或承诺退货，但这样做会影响公司品牌形象。无论怎么选择，对公司的影响都将是致命的，您会怎么选择？

袁　岳 我们公司在早期也遇到过类似情形。团队为了一个项目已经连续加班很多天了，我是到头天晚上 8 点才看到这个报告，第二天就要提交给客户了，但这个时候团队已经累到无法继续工作了，再口授他们如何修改也来不及了。我只能亲自上阵。我这个人体力很好，就是不能熬夜，我大学四年只熬过一次夜打牌,后来四个星期都没有缓过来,但是因为类似问题,我在创业早期至少熬过十几次夜。那次大概是早上六七点钟的时候,我终于把报告写完发给了客户,有惊无险地通过了。所以说,我很有信心,以公司发展到现在的业务而言,没有一样东西是以我的能力救不了的。团队写了四个多月的报告,洋洋洒洒几百页,我 10 分钟就能找到问题所在,万一到了最后实在搞不定,我熬一个夜也就解决了。这是十五年以前的事了。现在过去这么长时间,公司已经不需要我去熬夜了。但是,我们的高管还有熬夜这样干的。你知道,公司上了一定规模以后,有两种揪心的事少了。第一是很优秀的同事跳槽了你都不知道。不像过去,公司总共就 15 个人的时候,你一路培养起来的人才被竞争对手挖走,这种感觉就像凌迟一样难受。而且你也知道根本挽救不了,因为人家给了 2 倍半甚至 5 倍的工资。第二个就是我不用加班了,我们已经有了一批可以熬夜兜底的人,你如果有 30 个这样的人,不就意味着公司规模放大了 30 倍了吗?

陈少文 所以公司的规模要和能力匹配,不能盲目扩张。

袁　岳 我现在在意的不是出了事以后要干通宵,而是怎样让具有通宵能力的人愿意在公司里忠诚的工作。比如说我们公司的组织架构一共有五级，我的任务就是把第一个层级的人稳定住，这一点我们做得很好。公司上市的时候，这一拨人要出资50万，当时很心疼，现在已经变成了3000多万，当初出100万的人现在变成了6000多万，他当然会觉得留在公司更好，自然就不愿意走了，而且他会现身说法地去影响下面的员工，形成一个正向的组织文化。

陈少文 除了经济利益，公司人才队伍的稳定是不是还有其他因素？

袁　岳 当然有，从工作的角度来说，新型的企业有一个民主和集权如何平衡的问题。我们的方式是，在业务上既不是听我的，也不是听他们的，而是听客户的。只要客户满意就可以。过去以我为标准的时候，大家都累，也没有成长感，最后实在达不到要求就会离职。现在只要客户满意就可以过关，这个问题就解决了。一定要给员工成长感和成就感。

陈少文 任何一个组织都不单纯是经济组织，它综合具备了宗教组织、政治组织、军事组织、经济组织、学习组织等五大组织的特点。公司这种组织当然主要是经济组织，所以挣钱才是第一位的目标，民主反而不是第一位的，民主是政治组织的第一目标。

袁　岳　虽然公司里面的民主和政治民主形态有很大差别，但民主的感受其实也是很重要的。什么意思呢？就是其实这个事儿他也决定不了，但是一定要让他有参加决定的感觉，至少要让他发言。

陈少文　过程民主而不是决策民主。所以，我有一个管理思想叫集中民主制，就是方案是我提供的，但选择是你做出的。公司管理特别需要这样。还有，您会更看重新兴市场还是传统市场？拓展客户和维系客户，您认为哪个更重要？

袁　岳　最有价值的客户是老客户。他原来的业务会反复跟你合作，而且他也更容易接受你的新业务。比如我们给公安推新业务的时候，其实有个很大的挑战，因为公安对保密资格的要求很严。但因为之前做评估业务的时候大家合作得很好，所以就有一种天然的信任，没有顾虑。你有什么新产品他都会至少尝试一下。而且对他们来说，其实也有创新的需求，领导要求他创新啊，但他不知道创什么，怎么创，在大公司和大单位里面做久了以后，是不容易创新的，都是例行公事，思维方式是保守的。如果你有新业务，又是可靠的合作伙伴，没有理由不选择你。我记得我们上市中间有一轮的问询，问我们和国务院部委有长期的合作，每年合作，最长的合作甚至超过了 12 年，其实这个信息本身就很能说明问题了。

陈少文　就是先要有情感认同，然后再有产品销售。我跟别人签合同时，会问团队中跟你最长的有多久？核心团队流失率如何？他如果说 20 年来 5 个创始人中 1 个都没走，我当然就不用做调查了，信息成本就很低，对方大概率是值得信任的合作伙伴。

袁　岳　确实是。

陈少文　政府客户有个特点，就是人走茶凉，人亡政息，换个领导，思路不一样的话，这样的老客户应该怎么维系？

袁　岳　这里有一个非常重要的理念，我们称之为"平行社交"。你要跟一个单位合作的时候，和主事的一把手以及做事的中层都要有链接，最忌讳的就是单线交流。那就把自己玩死了。所以我要求公司高管要能够积极地跟上层交流，这个层次的交往不需要讲很深的业务问题,主要就三个目的:第一,让对方感觉你重视他;第二,必要的社交会让对方直观的感受你的为人,建立信任,这些都有利于后面业务的开展;第三,有时候,领导关注的问题也想听听你的意见,借此判断你的水平,所以无用之用就变得非常重要,你讲完你的观点之后,他会说你们公司不简单,会更重视。你要知道,这个领导本来没有什么有求于你的事,因为他是甲方领导。所以你约他的时候,经常会不理你。但是只要能够约出来,我也不需要和他聊业务合作,就是交流思想,聊开心了,对方重视你了,然后顺便让他知道这个活是我们在干的就行了。有的时候,饭吃得差不多了,领导会突然问我们,下面某处跟一个零点调查公司合作,这个零点调查和你的零点有数是什么关系啊?我说那是我们一个子公司。领导会说:"子公司,那你是他们领导吧?这个子公司相当于跟我们处里合作嘛,那个项目是我们现在各个处里合作的典范项目,不过这个项目很可能到明年告一段落了。"

陈少文 这话你怎么解读?很多人会认为是索贿。

袁 岳 对,但如果他真要索贿……我不用跟他继续聊这个事,对于我来说不重要。如果这个领导属于不给好处不干活的，我就不要跟他交往了，因为我是不做这类生意的，这样相互保护嘛。但是领导如果说："今年预算压缩滞后，很多过去做的项目可能就不做了，但是我们最近要做一种研究，就是怎么把预算给压下来，这种项目你们能做吗？"就像我们跟某个政务部门合作某个项目，本来它的人事部门和我们是没有合作关系的，结果突然问了我一个问题："你觉得我们政务干部是要减少还是要增加？"我说我给你搞一个编配算法，就能算出来现在人是够用还是不够用，你们搞智能政务以后是要加人还是要减人。实际上就是搞一个分析模型，但叫算法更好听，他说"你给我算算吧"，我说"行啊"。他说"但是没有预算，因为这个事最近领导让我们做"，我说，"咱们先把这个方案做出来"。其实这个做完以后，这个钱也是会给的，我们本来要报价70万元，最后他给了30万，我说30万也照干，为什么？因为它和自己本系统各地的厅局级单位领导都熟悉。也只有他能说得上话，所以我们给他留点人情，下次如果要去哪里开拓市场，要认识什么人，就好办了。今年国家预算都在压减，所以我们今年部委的项目，倒贴一点都可以干。你要把它拿下来，然后东墙损失西墙补，在地方上补回来。所以，经济环境好的时候，做加的生意，不好的时候做减的生意，所以有很多事是可以做的。

后记

历时一年半,这本书终于要面世了。

此时的我,并没有长舒一口气的轻松之感,相反,我知道,那个可以趴在我身上、给我脖子哈气的小姑娘终于快要长出翅膀,离开雀巢,去更大的天空翱翔了,我们能够长期共处的日子,在我们的生命里,正在一点点减少和消亡。

这是生命的规律,被困在线性时间里的所有人类都无法规避,我自然也不例外。这本小书,因此成了亲子岁月的见证,可以稍稍减少一些为人父母的遗憾。

这是于我。但对于女儿,这本书的意义却并非朝向过去,而是面向未来。

这本书的对话内容无疑会在漫长的未来岁月里影响女儿的创业思维与认知,而就短期而言,我则希望通过这本书的写作过程让她领会到一些项目管理的核心观念。

首先是项目目标。做任何事情都有一个第一目的和多个附带目的,具体到本书,第一目的当然是配合一年以后的国外大学的申请,因为我们很早就确定了商科的学习方向,所以第一本父女对话选择创业思维就成了不二之选。这个目标是有形的、务实的,但是高效率的人生一定不能是单一目标导向的,我们必须践行"一鱼多吃"的结构化做事理念,同一件事,必须尽可能完成更多的附带目标,产生更多元化的价值,因此,这本书的创作还应该同步实现一些无形的、务虚的目标,比如借此进行思维训练,并完成深度的亲子沟通和陪伴。

其次是项目进度。既然现实目的非常明确,下一步就是形成结果导向的终点控制。必须在高一暑假成稿,高二寒假成书,也就是说要在180天的时间里形成8—10万字的初稿。同时,要进行以节奏为导向的节点控制。以结果时间倒逼项目进度,共同制定对话进度和验收标准,和其他学习任务进行动态调整。

再次是项目分工。分工和进度是目标项下平级的两个维度,如果说项目进度是时间轴上的安排的话,项目分工就是逻辑轴上的计划。我希望通过这个思维告诉女儿,任何项目都可以进行逻辑轴和时间轴的拆分,逻辑轴的功能是保证项目不遗漏,时间轴的功能是保证项目不拖延。具体而言,项目分工又可以分为人的维度的角色分工和事的维度的任务分工,在角色分工中,父母要适当后退、不能大包大揽,你退出的部分就是她成长的空间，是成人意识产生的土壤。申请大学是自己的事，因此本书写作也应该以女儿为主体，我只是承担辅助的角色，前期因为经验、精力等原因可以由我主要推进，但过程中应逐渐由女儿进行主导，在任务分工方面，选题、框架和素材由我负责，检索、讨论和复盘由女儿负责。中间的权利义务条款另行拟定。

最后是项目内容。我希望这本书的写作可以训练和展现作者理性与感性两方面的能力，前者包括思维认知、观察推理、假说论证等，以对话方式呈现，后者包括生活美学、运动休闲，以及人文游学等，以照片等方式呈现。整本书的结构框架则按照认知、意志和行动三个方面为维度展开，体现"知意行"合一的人生理念。

当然，还有一个更为重要的思维，就是项目的延展。这也是我更为长远的考量。这本书应该成为女儿创富人生的起点，我们约定，不但要在大学申请成功后继续这一父女对话，将主题延伸到艺术、历史等其他领域，由此构建一套亲子教育的认知体系，还要用这套丛书的版税收入的一半作为女儿的旅行基金，在旅途中结识更多有趣的灵魂，创造更多可以分享的故事，不断增加创作动力和内容，进入一个增长飞轮。此外，这套书还将成为少文私塾二代财商教育、艺术教育和思维教育的辅助读物，女儿将根据其兴趣选择参与我的青少年认知教育活动，说不定，她的人生从此就能在商业、教育和旅行的结合处找到方向。

无论将来真实的故事是什么样子,我们都会欣然接受孩子自然演化的结果,但我相信,有意识地思维引领和认知陪伴是孩子成长过程中必需的养分,孩子可以不愿意长成参天大树,但阳光雨露不能因此缺席。

在大量的案例接触和诊断中,我逐渐形成了以"情感人格"和"商业认知"为核心的青少年教育理念。多年以来,我已经通过带孩子参加各类游学,潜移默化、润物细无声地给孩子植入了很多人格和认知的底层观念。

比如,在中国最美社区阿那亚游学过程中,孩子通过摄影师小想的作品爱上了摄影,我主动给她买了成像效果最好的微单相机,让她能够在更美的作品里沉浸于创作,并通过摄影作品形成自己的社交货币,进而帮助其社交人格的完善。

在发现和引导了她的摄影爱好之后,我又开始导演下一个教育场景。

在九华山心灵之旅的游学过程中,我特意邀请来厦门的春天老师,她用自己十年时间自费旅行五十个国家,在旅拍中追求自由、疗愈自我的故事深深感染了小陈同学,让她认识到,摄影不仅仅是一个捕捉发现外部美好的工具,更是关注内在自我,通过艺术获取独处能量,形成情感人格的最好方式。

如果说爱上摄影艺术是我对小陈第一个阶段的人格引导,

那么发现摄影疗法则是我有意导演的第二个阶段的人格塑造。

在商业认知方面，我也不断创造场景对孩子进行有意但不刻意的观念植入。

比如，在武汉书房的一次私教咨询中，我特意安排小陈同学和一位国内商业社群的顶级大牛老师进行了一次午餐交流，席间，她得到了她人生第一次的商业启蒙，从老师那里学习了"万物皆可成交"的底层商业认知，我也顺势给她植入了"金钱是能量的最低表现形式"这个极为重要的金钱观念。

然后，在泰国清迈自然之旅的游学过程中，一次偶然的餐后闲聊引出了广州李万秋律师的创富故事，小陈同学恰好在场，我不失时机地让她坐到万秋同学旁边，近距离感受能量，聊天结束后，明显感觉到孩子的创富热情已经被点燃，在返回国内的航班上，已经开始主动和我探讨如何发现商机等具体的财商话题。

……

这就是我给孩子准备的人生礼物。

在我的教育观里，"情感人格"通往幸福，"商业认知"通往成功，有了幸福和成功的双重保障，短暂的成绩高低和排名起落，又有什么关系呢？

我希望把我们亲子关系的细节，通过对话书籍和亲子游学的方式呈现给更多需要它的年轻父母，也希望，更多的父母可以成为智慧型家长，导演而不是规划出孩子幸福而成功的人生。

这是我和小陈共同的愿望。

父母还在，我还年轻，孩子还小，这是人生最幸福的三件事情，但同时，如果不能及时找到人生的方向，它同样也是人生原生家庭、事业工作和亲子教育三大遗憾的原因。

面对精神世界急剧成长的孩子，很多父母已深感在认知的引导方面力不从心。为了减少人生的遗憾，我已提前启动二代教育板块，全国布局二代教学基地，鼓励家长和孩子共学，重点围绕 AI 时代更为重要的认知、洞察、决策、创意、表达、领导、策划、协作等能力，设置各种课程和活动，提前植入底层认知体系，培养底层能力谱系。目前分为家长观念营（塑造夫妻共同教育理念）、海外学子营（世界排名前一百所大学学子圈层）、创二代营（塑造企业二代商业认知体系，萃取家族企业创业方法论等）、少年认知营（洞察力、领导力、决策力、创意力、表达力等系统培养）等。对孩子的人格和认知有高度需求的家庭，可以按照本书作者联系方式（见本书"作者简介"）与我们取得联系，也可以按照本书代序结尾处的二维码加入我们的亲子社群（共读营和财商营），共学共进。

陈少文

2023 年 8 月 16 日安徽淮南家中